MW00958143

Spanish Short Stories for Upper Intermediate

Spanish Short Stories for Upper Intermediate

20 Spanish Stories for Upper Intermediate
Learners. Acquire Spanish the Natural Way

Acquire a Lot

San Rafael, California, USA

To all our students, teachers and collaborators, without your support none of this would have been possible.

Table of Contents

Introduction

There are several ways to learn a language, one of them, and the one we will focus on with this book is by reading short stories, but this time at an upper-intermediate level. This book is written in a way that anyone who already has a basic level can understand, and acquire a large number of new words, encouraging the development of the pronunciation, by reading aloud. With this exercise you will improve your vocabulary progressively.

This book is number three in the Spanish Series, the stories have a slightly higher complexity, some terms may be totally unknown to you, but don't worry, it's the normal process of acquiring the language, take it as a challenge and once you start reading you should try your best to finish it in 4 weeks or less, and repeat the process as many times as you need until you can interpret and speak naturally about each story in this book.

One of the techniques that we use the most for students with an intermediate level is to ask them to read the entire text in the shortest time period possible, then repeat the process until you consider that you understand it completely and finally talk about each story, commenting on what happened, exposing thoughts about it and possible doubts.

While it's nice to have someone to listen what you're saying, it's not entirely necessary, as the point of this exercise is simply to practice and solidify the pronunciation of each word.

This book is written as follows:

Each chapter begins with a new story, with different vocabulary at an upper-intermediate level, ideal to keep solidifying what has been learned. Each story reflects the daily life of the characters, where they are involved in a large number of everyday situations, being this an advantage to better understand each conversation or dialogue presented in the story.

Then a brief summary in Spanish and English, if any story gets difficult for you to understand, you can go directly and read the summary to better interpret the main plot, if it is still difficult for you to understand the full story, you can go ahead and download the translated stories for free, from our website and continue reading in parallel.

Finally you will have to answer 5 questions about the story, each one focused on situations where the characters are involved in the story, if you do not understand any question it is recommended to have a dictionary at hand, so you will be able to correctly understand each word.

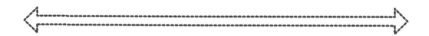

If you want to download all the stories translated to English for Free and more fun activities to enrich your vocabulary, you can visit our website:

www.acquirealot.com/translated-stories

▶Visit our YouTube channel for more content:

www.acquirealot.com/youtube

▶The **audiobook** is available at audible.com

Resources

Volume 1 of the Acquire Spanish series. This book uses visual teaching methods to introduce the Spanish language. It also gives beginner Spanish learners easy access to the vocabulary.

available at

amazon

Volume 2 of the Acquire Spanish series. In the book you will find 20 stories completely in Spanish, written at an intermediate level, to continue learning the language, acquiring more vocabulary, and developing pronunciation easily.

Youtube: Acquire a Lot

Instagram: @acquirealot

La lección de Andrés

Aunque su vida parecía perfecta desde que empezó a trabajar allí, eventualmente todo se arruinaría. Andrés trabajaba en un instituto de inglés desde hace unos 5 meses y su vida allí era maravillosa. Los otros profesores, Danny y Laura, lo querían mucho, porque Andrés era muy bueno con su trabajo. Pero, más importante aún, muchos estudiantes reconocían que él era un buen profesor. Incluso su jefe lo reconocía. Todos sabían que él tenía algo más, algo diferente que los otros profesores no tenían. Por ello, los estudiantes confiaban más en él y, si alguno tenía una pregunta, preferían dirigirse a Andrés para resolver dicha pregunta.

Eventualmente, como en cualquier trabajo, las cosas cambiaron un poco. Muchos estudiantes llegaron, había mucho trabajo por hacer, pero muy poco personal. Por ello, el jefe de Andrés, Chris, decidió contratar a otra persona, una secretaria, para que se encargara de las inscripciones y, su jefe, Chris, pasó a dar clases de inglés junto a Andrés, Danny, y Laura. La nueva secretaria se llamaba Virginia y era encantadora. Era alta, con cabello muy largo, característica que Andrés amaba, y muy expresiva. También, era muy graciosa. La primera vez que Andrés y ella hablaron fue algo que Andrés jamás olvidará.

- Andrés, recuerda traer mañana la lista nueva de estudiantes para poder hacer el registro, ¿está bien? –Dijo Chris, el jefe de Andrés, con un tono de voz muy serio.

- Sí, por supuesto –dijo Andrés y vio a su jefe cerrar la puerta y marcharse.

- ¿Siempre es así? –Preguntó Virginia.

- Sí, siempre –respondió Andrés.

- Es divertido –respondió Virginia-, ¿y tú tienes mucho tiempo trabajando aquí?

- Sí, hace unos cinco meses.

A pesar de que la pregunta que hizo Virginia era muy simple, la pregunta y la sonrisa que tenía Virginia en ese momento fueron algo que Andrés nunca pudo olvidar. A partir de ese momento, fueron muy unidos, y siempre hablaban cuando Andrés no tenía que dar clases y cuando Virginia estaba desocupada. Eran conversaciones triviales y no tenían gran importancia. Cada vez que terminaba el día de trabajo, ambos salían de aquel instituto y caminaban hacia el metro, allí sus caminos se separaban, pero, desde la primera vez que hicieron eso, la salida del trabajo se había convertido en la parte favorita del día de Andrés.

En una de esas tardes, Andrés y Virginia intercambiaron sus números telefónicos. Andrés estaba muy emocionado, pues estaba esperando eso desde hace mucho tiempo. Además, Virginia quería aprender inglés, sabía muy poco, pero era algo que deseaba mejorar y Andrés estaba dispuesto a ayudarla. Y, realmente era así, pero él supo que las cosas serían diferentes, porque cuando llegó a casa y le escribió hablaron de muchas cosas, de música, series, películas, pero nunca del idioma inglés. Andrés se había enamorado, desde el inicio.

A partir de ese momento, él fue todos los días a trabajar con la intención de ver a Virginia, se había convertido en la razón de ir a trabajar y la fuente de su felicidad. Sólo una sonrisa de Virginia era suficiente para que el día de Andrés mejorara. De vez en cuando, Andrés entraba al instituto y le llevaba algo a Virginia, con la intención de verla sonreír y así él sentirse feliz durante el resto del día.

Eventualmente, él sabía que debía decirle la verdad a Virginia y ya tenía un plan.

- Ya sé lo que haré –le dijo a su amiga Estefanía.

- ¿Qué harás? ¿Cuándo le dirás la verdad? –Preguntó Estefanía.

- Cuando salgamos de vacaciones, la invitaré a un café y le diré todo. Le pediré que sea mi novia, estoy muy nervioso, pero tengo que hacerlo. Estoy muy emocionado.

- Me alegra mucho –respondió Estefanía-, espero que puedas hacerlo.

Pero, la vida de Andrés pasó a ser de muy feliz a ser muy confusa. Estuvo sintiéndose muy confundido por varias cosas que ocurrieron en cierto momento. Su vida se había convertido en un espiral de emociones que él no sabía cómo digerir. A veces sentía mucha alegría, a veces sentía pena por toda su situación, y otras veces estaba muy triste y deprimido, porque imaginaba ya la respuesta que Virginia le daría.

Algo ocurrió, Virginia desapareció. Ya no fue a trabajar, no respondía los mensajes de Andrés y, cuando lo hacía, lo hacía de una manera muy triste. Virginia estaba muy triste por problemas personales, pero Andrés no sabía qué hacer para alegrarla. Los días transcurrieron y Andrés se sentía cada vez peor y peor. Pero, la verdad siempre sale a la luz y Andrés necesitaba escuchar la verdad y así solucionar todo lo que sentía durante esos días.

Una tarde, Andrés estuvo escribiendo en un café cerca del instituto. Se sentía muy apenado por su situación, ya no quería estar así, y sabía que, para detener aquellas emociones, debía decirle todo a Virginia. De repente, su teléfono suena.

"¿Podemos vernos?"

Era un mensaje de Virginia. Andrés se sintió tan sorprendido y nervioso, le respondió de inmediato.

"Sí, te esperaré en las escaleras".

Andrés pagó su café y se fue a las escaleras del instituto. Allí ocurrió el diálogo más liberador, sorprendente, y triste para Andrés.

- Escucha, Andrés, eres un buen chico, eso lo sé muy bien. Pero... Sé que estás enamorado de mí y eso no puede continuar así, yo no soy para ti. Tú eres muy lindo, pero yo siempre huyo de esas cosas.

- Está... Bien, en serio. Gracias por decírmelo –respondió Andrés.

Ese día, Andrés se fue a su casa, estaba confundido y muy triste. No sabía qué pensar. Virginia no trató de ser mala con él, pero, aun así, Andrés sintió que algo más ocurría y, después de unos días, Andrés lo descubrió.

Él se sintió muy triste durante esos días, así que decidió programar una cita con su psicóloga. Justo antes de ir, Andrés encontró a Virginia, pero ella no estaba sola. Él no pudo decir nada ante aquello, se dirigió a su cita con su psicóloga y las cosas terminaron allí. Él y Virginia nunca más hablaron, pero Andrés entendió muchas cosas en su cita con su psicóloga.

Ser rechazado no estaba mal. Eso no tenía nada que ver con Andrés. Es parte de la vida. El rechazo sólo significaba que ese no era el camino de Andrés y que, muy pronto, él encontraría a la persona ideal y sería muy feliz. A pesar de que Andrés y Virginia no hablan más. Ambos tienen buenos recuerdos de ellos mismos.

Fin de la historia

Resumen

Andrés tiene algún tiempo trabajando en un instituto de inglés. Una chica nueva empieza a trabajar allí y Andrés inevitablemente se enamora. Sin embargo, con el pasar del tiempo, Andrés empieza a sentirse muy confundido, al final se dicen la verdad, y Andrés aprende que el rechazo no es algo malo después de todo.

Summary

Andrés has been working for some time in an English institute. A new girl starts working there and Andrés inevitably falls in love. However, as time goes by, Andrés begins to feel very confused, in the end, they tell each other the truth, and Andrés learns that rejection is not a bad thing after all.

Preguntas

1. ¿Cuánto tiempo tiene trabajando Andrés en el instituto?
    1. Tres meses
    2. Ocho meses
    3. Cinco meses
    4. Nueve meses
    5. Diez meses

2. ¿Cómo se llama el jefe de Andrés?
    1. Martín
    2. Daniel
    3. Chris
    4. Paul
    5. Mike

3. ¿Qué estaba cerca del instituto?
    1. Un aeropuerto
    2. Un restaurante
    3. Un apartamento
    4. Un café
    5. Una escuela

4. ¿De qué daba clases Andrés?
    1. Inglés

2. Español

3. Italiano

4. Portugués

5. Alemán

5. ¿Hasta dónde caminaban Andrés y Virginia?

1. Hasta el aeropuerto

2. Hasta el metro

3. Hasta el centro comercial

4. Hasta la avenida principal

5. Hasta el supermercado

Respuestas

1) 3

2) 3

3) 4

4) 1

5) 2

La maravillosa idea de Isabel

Gabriel necesitaba tomarse unas vacaciones, necesitaba un descanso, pues su trabajo era muy monótono y ya estaba harto de todo. Gabriel trabajaba como jardinero y, a pesar de que amaba su trabajo, sentía que todo era muy monótono. La monotonía lo estaba consumiendo. La verdad es que ningún trabajo o actividad es aburrida, pero, si la monotonía llega a tu vida mientras realizas esos trabajos, entonces todo estará perdido. No solamente Gabriel, sus amigos también querían algunos días de descanso, pues los días recientes habían sido muy estresantes, para todos.

Primero había surgido la idea de ir a la playa, pero eso sería muy costoso, pues no había playas cerca de la ciudad de Gabriel, por lo tanto, tendría que viajar a otra ciudad e ir a la playa de dicha ciudad. Afortunadamente, había excursiones que realizaban esos viajes hacia otras playas, sin embargo, era muy costoso y durante esos días, Gabriel no tenía mucho dinero para pagar todo. La idea había surgido de María, una de sus amigas, pero no había mucho por hacer, porque no tenían dinero para ir a la playa.

Pero, otra de sus amigas, Isabel, fue quien propuso la idea de la piscina. En la ciudad de Gabriel, había una hacienda en la que había muchas piscinas y restaurantes. Era el lugar ideal para pasar un buen rato y descansar. Los tres estuvieron investigando sobre los precios y la ubicación del lugar. No quedaba tan lejos el lugar, sin embargo, estaba, ciertamente, en una locación un tanto escondida. Quedaba en un pueblo en la ciudad de Gabriel, un pueblo en el que no había muchos autobuses, por lo tanto, tenían que caminar mucho. A María no le agradaba mucho esta idea.

- No sé si sea una buena idea caminar en ese pueblo, he escuchado que es muy peligroso –Dijo María.

- No es tan peligroso, mi universidad está cerca y yo pasé por allí muchas veces –Respondió Gabriel.

- Sí, pero sigo sin confiar. Tenemos que preguntar primero y asegurarnos de si realmente tenemos que caminar para llegar – Respondió María.

Debido a ello, Gabriel fue un día a la parada de autobuses e hizo las respectivas preguntas. Todo salió bien, pues una persona allí dijo que sí, en efecto, salían buses directamente hacia aquella hacienda. Gabriel regresó a casa y habló con María. De esa manera, los tres, Gabriel, María, y Isabel salieron un domingo a la hacienda. Fueron hasta la estación de autobuses y esperaron al autobús que los llevaría directo a la hacienda.

Después de unos 30 minutos, llegó el autobús y, aunque todo estaba bien en un inicio, aquí las cosas comenzaron a empeorar. Cuando llegaron al pueblo y el autobús se adentró, de repente, el autobús se detuvo y el chofer gritó: "Este es el final". Los tres, Gabriel, Isabel, y María se quedaron perplejos, porque no habían llegado a la hacienda. Se bajaron y no tenían otra opción, tuvieron que preguntar.

- ¿Cómo llegamos a la hacienda? –Preguntó Gabriel.

- Tienen que caminar derecho, después de cuatro cuadras, encontrarán el lugar –Respondió un señor amable que estaba allí.

Los tres empezaron a caminar. No tenían que girar hacia ningún lugar. Pero, cuando caminaban, notaron que el lugar estaba escondido, era muy lejos y que, para regresar, sería un gran problema. Pero, no quisieron pensar en eso. Siguieron las instrucciones de aquel señor: seguir derecho y contar cuatro cuadras. Cuando siguieron las instrucciones, llegaron a una calle sin salida. Pero, Isabel dijo: "¡Miren!" Y todos voltearon. Justo a su derecha estaba aquella hacienda.

Estaban muy felices, finalmente podrían descansar y tener un bonito día. Entraron, pagaron la entrada, y dejaron todas sus pertenencias en un lugar seguro. Después se dirigieron a los baños para ponerse sus trajes de baño y tuvieron el resto del día para disfrutar de aquel maravilloso lugar. En aquella hacienda había cuatro piscinas, toboganes, incluso una cancha para jugar voleibol. Isabel no dejaba de quejarse, porque, aunque el lugar era muy bonito, la comida era muy costosa. Después de comer y pagar todo, empezaron a jugar otra vez. Entraron a las piscinas una vez más y allí estuvieron durante dos horas más. Pero, ya eran las 4 de la tarde, era momento de irse. Y, aquí surgió otro problema.

Era domingo, a esa hora ya no llegaban autobuses a esa parte de la ciudad y tampoco podrían caminar. Tendrían que caminar alrededor de una hora y, para empeorar las cosas, comenzó a llover. Gabriel preguntó si había algún autobús cerca, pero los empleados de aquella hacienda dijeron: "No, ya no hay autobuses". Allí Gabriel obtuvo la confirmación que necesitaba. Los tres se preguntaron qué hacer, tenían que salir de allí, además, la lluvia solamente empeoraba. En ese instante, Gabriel tuvo una idea: llamar a un taxi. Pero, el taxista no sabía cómo llegar, así que Gabriel intentó darle las direcciones.

- Tiene que llegar hasta este punto del pueblo, cruce a la derecha, después de dos cuadras, cruce a la izquierda, siga cuatro cuadras y, a la derecha, verá la hacienda –Dijo Gabriel por teléfono.

Aunque el taxista dijo que entendió, los tres, Gabriel, María, e Isabel notaron que el taxista tardaba mucho en llegar. La lluvia sólo empeoraba y empeoraba. En cierto punto, Isabel propuso salir a la puerta para así ver al taxista llegar e indicarle que allí estaban ellos. Gabriel no confiaba mucho, sin embargo, lo hicieron. Salieron del lugar y se quedaron en la puerta. Afortunadamente tenían dos paraguas.

Al salir, Gabriel no tenía muchas esperanzas, pero, finalmente, el taxista llegó, los reconoció y los tres se subieron al auto. Después de pasar una hora conduciendo, el taxista llegó a la avenida principal. Los tres estaban muy felices, porque finalmente salieron de allí. Pero, se encontraron con otro problema: no había más autobuses. Pero, esto no duró mucho. Afortunadamente, un autobús pasó rápido y los llevó a cada uno de ellos hacia sus hogares. De esa manera, Gabriel, Isabel, y María tuvieron un fantástico día.

Fin de la historia

Resumen

Gabriel, Isabel, y María trabajaban mucho, pero la monotonía de sus trabajos los consumía enormemente. Por ello, María tuvo una idea magnífica, la idea de salir a algún lugar e irse de vacaciones a la playa, pero no podían por falta de dinero. Pero, a Isabel se le ocurrió una mejor idea: ir a una piscina. A pesar de que se les presentó muchos problemas, la pasaron muy bien allí.

Summary

Gabriel, Isabel, and María worked hard, but the monotony of their work consumed them enormously. Therefore, Maria had a magnificent idea, the idea of going out somewhere and going on vacation to the beach, but they couldn't due to lack of money. But Isabel had a better idea: to go to a swimming pool. Despite the many problems they faced, she had a great time there.

Preguntas

1. ¿De qué trabajaba Gabriel?

1. Profesor

2. Ingeniero

3. Mecánico

4. Jardinero

5. Constructor

2. ¿Quién propuso la idea de la piscina?

1. Eva

2. Alexandra

3. Isabel

4. Luna

5. Gabriela

3. ¿Cómo se llamaban las amigas de Gabriel?

1. María y Alejandra

2. Roxana y Angélica

3. Gabriela y Rosa

4. Isabel y María

5. Virginia y Daniela

4. ¿Cuántas piscinas habían?

1. Cinco

2. Tres

3. Una

4. Cuatro

5. Ocho

5. ¿A qué hora se tenían que ir de la hacienda?

1. A las 3

2. A las 4

3. A las 8

4. A las 10

5. A la 1

Respuestas

1)   4

2)   3

3)   4

4)   4

5)   2

La gran pasión de Alex

Una de las más grandes pasiones de Alex son los deportes de contacto. Desde pequeño siempre amó los deportes de contacto, como el boxeo y las artes marciales. Era su sueño poder practicar algún deporte de esos y siempre, junto a su abuelo, veía las peleas de boxeo en la televisión. Esos son sus recuerdos favoritos de su infancia. Eventualmente, sabía que tenía que hacer algo así, tenía que arriesgarse, armarse de valor y finalmente ir e inscribirse a un gimnasio para practicar algún deporte.

Los años pasaron y ese sueño lo dejó de lado, pues estaba enfocado en otras cosas, principalmente, en la secundaria. Sin embargo, a la edad de 15 años, estaba caminando cerca de su casa y prestó atención a un lugar que siempre estuvo allí y al que nunca le prestó atención; era un gimnasio de boxeo. Allí entrenaban muchas personas de la comunidad y, de vez en cuando, se realizaban torneos. Él estaba cerca de aquel gimnasio, estaba comprando otras cosas y, cuando regresó y vio aquel lugar, pensó en todos los sueños que tenía desde los 9 años, así que decidió entrar y pedir información.

Al salir del gimnasio, fue corriendo a su casa y esperó a su madre con emoción. Cuando su madre llegó, él le comentó al respecto y luego le pidió todo lo que necesitaba para poder inscribirse. Aunque su mamá se negó al principio, pues los deportes de contacto pueden ser peligrosos en muchas ocasiones, la madre, al final, accedió y le dio el permiso para ir e inscribirse. Al día siguiente, durante la tarde, Alex buscó todo lo que necesitaba; su toalla, ropa deportiva, y botella de agua para poder empezar su rutina de gimnasio.

Desde el inicio, Alex amó aquel lugar y cada una de las clases. Al inicio las clases eran muy básicas, pero el nivel avanzó, ya no sólo tenía que correr mucho, sino que también ya se subía al *ring* y peleaba con sus compañeros, lo llamaban *sparring*. Alex amaba todo eso. Pero, un día, ciertos problemas empezaron; Alex comenzó a sentir una molestia en su brazo derecho. No le dijo nada a su madre y continuó yendo al gimnasio. Sin embargo, en cierto punto debía detenerse, porque no sería nada bueno para él.

Llegó a casa y habló con su madre. Inmediatamente, su madre se preocupó mucho y prepararon todo para irse a casa de una tía. Allí prepararían todos los papeles, pues Alex necesitaba una operación urgente.

- No te preocupes, cariño, podrás regresar al boxeo muy pronto –Dijo su madre.

Pero, Alex no se sentía consolado, no se sentía bien con aquellas palabras, porque ya tenía varios meses allí. Sí, podía retornar y recuperar todo lo que tenía, pero sería muy difícil. Alex sentía que sus sueños se iban por la borda y que nunca más podría recuperar el ritmo que tenía en el boxeo. Ya no tenía mucho por hacer, tenía que hacerse aquella operación. Mientras estaban en camino hacia la casa de su tía, Alex esperaba que un par de semanas después de la operación podría regresar a practicar boxeo. Pero, la verdad sería mucho más difícil de lo que pensaba.

- Vas a pasar aquí una semana, Alex, después tendrás que tomar un mes de reposo, sin actividad física –Dijo el doctor cuando Alex despertó de la operación.

Alex afirma que aquel día fue el peor de su vida. Así vio cómo su sueño se fue por la borda, aunque podría regresar en un mes, ya no sería lo mismo. Tampoco se sentía muy feliz o esperanzado por regresar. Había perdido las ganas de volver. La primera semana que pasó en el hospital fue terrible para él, estaba acostado todo el día, le daban comida que no le gustaba y no podía moverse mucho. Después de la primera semana, regresó a casa y pasó todo un mes viendo series, tomando pastillas, y comiendo frutas. Nunca se había sentido tan perezoso en su vida, pero era algo necesario, necesitaba descansar.

Cuando el reposo terminó, él sabía que podía regresar al boxeo, pero no quiso hacerlo. Ya no sentía mucho amor por ese deporte. Tuvo ganas de hacer algo más. Después de unos meses llegó el momento de entrar a la universidad, así que se olvidó de los deportes durante algunos años. Sin embargo, luego de un tiempo, el interés por los deportes regresó.

"Seminario de Jiu Jitsu, aprende desde cero"

Ese fue un anuncio que vio en sus redes sociales. El costo del seminario era muy barato, demasiado barato, así que decidió pagarlo e ir. Estaba un poco nervioso, porque tenía muchos años sin hacer ejercicio, pero, aun así, se atrevió y lo hizo.

Llegó al lugar y esperó al profesor. Otros estudiantes llegaron y Alex se sintió un poco intimidado, pero estaba dispuesto a dar lo mejor de sí. Después de unos minutos, llegó el profesor y la clase comenzó. Hicieron los ejercicios básicos de calentamiento y Alex hizo su mejor esfuerzo, después llegó el momento de realizar las maniobras y de practicar el Jiu Jitsu. Alex, desde el inicio, lo amó. Casi al final de la clase, hicieron un pequeño torneo, en el cual Alex luchó contra otro compañero y perdió el combate. Alex estaba muy nervioso, sin embargo, cuando terminó el combate, su compañero le dio la mano en señal de respeto y, justo en ese instante, Alex supo que tenía que inscribirse en ese lugar y practicar ese deporte todos los días.

Al terminar el seminario, Alex se quedó hablando con sus compañeros sobre los peleadores profesionales. Era la primera vez que se sentía muy feliz en mucho tiempo, estaba haciendo algo que amaba y no podía esperar a llegar a su casa para tomar el dinero, inscribirse y comenzar el próximo lunes. Salió de aquel gimnasio, orgulloso y muy feliz. Subió al autobús y se quedó mirando su certificado del seminario durante un par de minutos. Su día continuó muy bien y desde ese instante supo que, aunque los años pasen, nunca es tarde para iniciar un nuevo proyecto y esa era la mejor parte de su vida.

Fin de la historia

Resumen

Alex amaba los deportes de contacto, así que un día comenzó a practicar boxeo, pero, un día tuvo una emergencia, tenía que operarse. Pensó que nunca más iba a practicar algún deporte, pero años después, encontró un seminario de Jiu Jitsu en las redes sociales y se sintió muy feliz, allí pudo revivir el amor que tenía por los deportes de contacto.

Summary

Alex loved contact sports, so one day he started boxing, but one day he had an emergency, and he had to have surgery. He thought that he would never play any sports again, but years later, he found a Jiu Jitsu seminar on social media and was very happy, there he was able to revive the love he had for contact sports.

Preguntas

1. ¿Cuál es una de las grandes pasiones de Alex?

1. El béisbol

2. El voleibol

3. Los deportes de contacto

4. La cocina

5. El arte

2. ¿En dónde sintió Alex una molestia?

1. En la cabeza

2. En el brazo derecho

3. En la rodilla

4. En la pierna

5. En el codo

3. ¿A dónde se fueron Alex y su madre?

1. A otra ciudad

2. A casa de una tía

3. A otro país

4. A casa de un abuelo

5. A casa de un vecino

4. ¿De qué era el seminario que hizo Alex?

1. De dibujo

2. De cocina

3. De nutrición

4. De Jiu Jitsu

5. De boxeo

5. ¿En dónde vio Alex el seminario?

1. En la calle

2. En el gimnasio

3. En casa de un vecino

4. En el vecindario

5. En las redes sociales

Respuestas

1) 3

2) 2

3) 2

4) 4

5) 5

El viaje de Ana y Julio

Desde hace mucho tiempo, muchas personas hablaban sobre un pequeño pueblo alemán a unas horas de distancia. Ana y Julio querían viajar a ese pueblo desde hace varios meses. En diciembre del año pasado, ambos decidieron que viajarían para la fecha del cumpleaños de Julio y, aunque ambos tuvieron muchos problemas económicos durante los primeros meses del año, al final, pudieron conseguir el dinero para ir a aquel lugar.

Julio trabajaba como escritor, en un sitio web, y Ana era la directora de un colegio. Ambos empleos no pagaban muy bien, lo suficiente para poder pagarse algunas cosas, pero, con mucho esfuerzo, ambos reunieron el dinero y lograron pagar todo lo que necesitaban para ir. Pero, muchos problemas empezaron desde el inicio del viaje.

Ana contactó a su taxista de confianza. Ambos Ana y Julio debían estar en la parada de autobuses a las 6:00 de la mañana y ningún autobús pasaba antes de esa hora. Por lo tanto, el taxista los pasaría buscando a ambos a las 5:30. Pero, cuando despertaron y tenían todo preparado, el taxista no llegaba.

-    El carro no enciende, no sé qué le ocurre. Tendré que ir a repararlo. Lo siento mucho –Fue el mensaje del taxista.

Ana y Julio se alarmaron, porque tenían que pensar en algo para solucionar aquel problema. Eran las 5:30 de la mañana y caminar a esa hora por la calle era muy peligroso. Pero, no tenían otra opción, tenían que hacerlo. Ambos se encontraron en un punto específico de la urbanización y caminaron hacia la parada de autobús, tenían la esperanza de encontrar uno. Pero, era domingo, así que las posibilidades de que un autobús pasara a esa hora de la mañana eran muy pocas. Sin embargo, las cosas cambiaron, porque, de la nada, apareció un autobús y rápidamente se dirigió hacia el lugar de encuentro.

Una vez que todos estuvieron en el lugar de encuentro, Ana, Julio, y las otras personas que irían al pueblo, llegó el autobús y todos se subieron. El autobús los llevaría directamente a aquel pueblo. El guía turístico del pueblo también iba, él los recibió, les deseo un buen día, y dijo: "Van a quedar encantados con este pueblo alemán".

Después de unas horas, Julio necesitaba ir al baño urgentemente. El autobús se detuvo en un lugar en las alturas de una montaña, era un lugar especial e icónico, con un pequeño bar alemán, y varios baños. Julio salió corriendo hacia el baño. Desde allí, la vista era espectacular.

- Antes de continuar, pueden aprovechar y tomar varias fotos – Dijo el guía turístico.

Después de unos 20 minutos, todos retornaron al autobús, pues aún quedaba una hora de viaje. El autobús iba en una carretera a las alturas de una montaña muy grande y con muchas curvas. Julio empezó a sentirse mareado por las curvas. Por otra parte, había mucha neblina por lo que Julio no podía ver a través de la ventana; todo estaba gris.

- Esto es increíble –Decía Ana.

Después de 1 hora, finalmente llegaron al pueblo. Era un antiguo pueblo alemán con pequeñas casas hechas de madera. El guía turístico bajó y les dio la bienvenida.

- ¡Bienvenidos! Por acá tienen las cervecerías, algunos museos, y varios restaurantes. Tienen este otro lugar para tomar fotos, desde aquí puede verse la montaña y casi todas las casas. ¿No es hermoso? –Dijo el guía.

Todos asentían con la cabeza. Julio y Ana estaban maravillados. Ellos comenzaron a explorar el pueblo y, después de unos minutos, encontraron una iglesia enorme pintada de blanco y rojo. Encima de la iglesia, también había una campana. Cuando Julio y Ana llegaron, una misa acababa de empezar. Ellos compraron fresas y se sentaron a observar el paisaje. Después, Ana le pidió a Julio que le tomara algunas fotos. Julio, con todo gusto lo hizo. El guía turístico estaba cerca y les indicó varias tiendas con frutas cerca de la iglesia.

Julio y Ana caminaron hacia aquellas tiendas y ambos estaban sorprendidos, porque las frutas eran muy bonitas y frescas. Ambos habían ido al supermercado de otra ciudad y las frutas no se veían así. Estas frutas se veían muy lindas. Ana compró un kilo de fresas. Julio compró otras cosas como duraznos, uvas, y algunas manzanas. En cierto punto, empezaron a explorar el pueblo y caminaron mucho, encontraron algunos museos y pequeños restaurantes de pizzas. Julio y Ana se detuvieron allí y comieron algo. También había muchos lugares en donde vendían recuerdos como pulseras y collares con el nombre del pueblo.

Después, regresaron al autobús, porque había otra parada que tenían que hacer antes de regresar a la ciudad. Ese lugar era una pequeña casa en donde hacían chocolates y malvaviscos. Era un lugar mágico, con chocolate caliente y mucha neblina. Julio y Ana se tomaron muchas fotos allí. Luego de eso empezó a llover y ambos regresaron al autobús. Ya era hora de retornar a la ciudad, Julio y Ana estaban encantados.

Ambos estaban muy agotados por el viaje así que durmieron hasta que llegaron a la ciudad. Sin embargo, era domingo, y era difícil encontrar autobuses durante la tarde, ya estaba por anochecer y, sí, no había autobuses. Por suerte encontraron uno que los llevaría a destino. Luego de unas horas de viaje, el guía turístico les envió un mensaje muy bonito.

"Gracias por venir con nosotros, espero que hayan disfrutado de esta aventura"

Ambos Ana y Julio sonrieron, ciertamente era un lugar precioso, con tiendas antiguas, comida deliciosa, y muchos rincones bonitos para tomar fotos. Julio acompañó a Ana a su casa y después él regresó a la suya. Cuando Julio llegó, tomó un baño y descansó. Durante las próximas horas, estaba reflexionando y entendió que no hay nada tan bonito como viajar y conocer nuevos lugares. Hay algo mágico en los viajes, en los pueblos antiguos, y en la buena compañía para disfrutar de esos lugares. Ciertamente iba a regresar, tarde o temprano.

Fin de la historia

Resumen

Ana y Julio querían hacer un viaje por el cumpleaños de Julio, tenían mucho tiempo planeando esto y estaban muy emocionados. Sin embargo, cuando iban a salir, ocurrió un problema con el taxi que los iba a buscar. Pero decidieron caminar a tempranas horas de la mañana hacia la parada de autobús, llegaron finalmente, y así pudieron ir al pueblo alemán que tanto deseaban ir. Al final, tuvieron un viaje maravilloso.

Summary

Ana and Julio wanted to take a trip for Julio's birthday, they had been planning this for a long time and they were very excited. However, when they were going to leave, a problem occurred with the taxi that was going to pick them up. But they decided to walk in the early hours of the morning to the bus stop, they finally arrived, and thus they were able to go to the German town that they wanted so much to go to. In the end, they had a wonderful trip.

Preguntas

1. ¿Cuándo decidieron viajar Ana y Julio?

1. En enero del año pasado

2. En diciembre del año pasado

3. Hace tres años

4. Hace un mes

5. Hace cuatro días

2. ¿De qué trabajaba Julio?

1. Como escultor

2. Como pintor

3. Como músico

4. Como escritor

5. Como constructor

3. ¿A qué hora debían estar Ana y Julio en la parada de autobuses?

1. A las 6:00 am

2. A las 4:00 pm

3. A las 5:00 pm

4. A la 1:00 am

5. A las 9:00 pm

4. ¿De qué color era la iglesia que encontraron Ana y Julio?

1. Azul y negra

2. Blanco y rojo

3. Amarilla y verde

4. Marrón y azul

5. Blanco y morado

5. ¿Cuántos kilos de fresa compró Ana?

1. Un kilo

2. Tres kilos

3. Dos toneladas

4. Cuatro kilos

5. Cinco kilos

Respuestas

1) 2

2) 4

3) 1

4) 2

5) 1

Los zapatos de Diego

De vez en cuando, se presentan esas compras espontaneas, apresuradas, que usualmente surgen de alguna necesidad urgente y debemos salir y hacer esas compras tan rápido como podamos, porque, si no lo hacemos, nuestra vida podría retrasarse de alguna manera. Estas compras podrían estar relacionadas con algo que hace falta para el hogar, para la escuela o incluso ropa o uniformes. Y, la cuestión es que la compra que Diego tenía que hacer estaba relacionada con lo último; la ropa.

Diego trabajaba en una escuela y, de lunes a viernes, de 7 de la mañana hasta las 4 de la tarde estaba allí, de pie, y siempre caminando de un lado a otro. Eventualmente, los zapatos de Diego iban a estropearse. Diego tenía la teoría de que sólo compraba la ropa que necesitaba, no le gustaba tener más ropa en su armario, de la misma manera, tampoco le gustaba desperdiciar dinero en ropa que nunca iba a ponerse. Hace mucho tiempo lo hizo y se arrepintió.

Durante un día de la semana, Diego estaba en la escuela, caminando, y sintió que pisó algo afilado. Al ver la suela de su zapato, vio que era un clavo muy pequeño, este clavo no le ocasionó un gran daño al zapato, pero Diego supo que tenía que hacer algo al respecto; comprarse otro par de zapatos de inmediato. Sin embargo, Diego estaba muy ocupado durante la semana y, entre todas las cosas que tenía que hacer para la escuela, Diego olvidó ir al centro comercial y comprarse otro par de zapatos. Pero, olvidarse de eso fue un error, porque, tarde o temprano, los zapatos que tenía iban a romperse y eso fue exactamente lo que ocurrió, en un día totalmente inesperado.

Durante una tarde, justo antes de salir de la escuela, a las 4 de la tarde, comenzó a llover, muchísimo, y él sabía que no debía ni caminar ni mucho menos correr a casa, porque el clima estaba horrible y la lluvia era tan agresiva que se terminaría empapando todo y se enfermaría. Por ello, Diego decidió esperar durante una hora. Se quedó hasta las 5 de la tarde en la escuela, pero se estaba desesperando, porque tenía que llegar a casa para realizar otras cosas más, tanto de la escuela como de la casa. Después de unos minutos más, la lluvia cesó un poco, lo suficiente como para que Diego pudiese caminar, así que lo hizo.

Pero, después de unos minutos caminando, sintió que se mojaba el calcetín de uno de sus zapatos. Solamente un calcetín, el otro no. Diego se sintió muy mal, estaba molesto e irritado.

- Debí ir a comprarme otros zapatos antes –Dijo él.

Sin embargo, no podía detenerse, porque cuando estaba cerca de su casa, la lluvia comenzó a ponerse cada vez más fuerte. Así que, por ello, decidió correr y allí pudo notar aún más cómo todo su zapato se mojaba con los charcos de agua que estaban en la calle y la lluvia que lo estaba azotando en ese momento. Cuando entró en su casa, se quitó los zapatos y vio cómo ambos estaban destrozados por la lluvia y el hueco pequeño que el clavo había hecho ahora era enorme.

- Ya no puedo utilizarlos –Dijo.

Decidió llamar a su jefe y decirle que no iría a trabajar al día siguiente, porque iría al centro comercial a comprarse otro par de zapatos. Así que, botó esos zapatos, buscó otros zapatos viejos que tenía y esperó al día siguiente para ir al centro comercial.

Al despertar, tomó su desayuno, salió de casa, y se dirigió al centro comercial de la ciudad. A Diego siempre le impresionaba el clima de la ciudad, porque durante el día anterior había una lluvia agresiva, pero esta vez, lo agresivo era el sol. El sol era imponente y él, mientras caminaba, sudaba mucho. Hasta el punto de sofocarse. Continuó caminando hasta encontrar varias tiendas. Encontró zapatos bonitos en algunas de ellas y continuó investigando en otras tiendas, porque quería encontrar el mejor precio posible.

Después de entrar en 10 tiendas, regresó a la tercera tienda que había visitado y pidió los zapatos deportivos que allí había encontrado. Aquellos zapatos costaban treinta dólares, Diego se los probó, y los pagó. Al pagarlos, salió de la tienda, pero no pudo caminar mucho y se escondió otra vez en la tienda, porque la lluvia había regresado y esta vez peor que nunca. Le pidió a la encargada de la tienda que le diese otra bolsa, para así proteger los zapatos que había comprado.

Esperó allí una hora, pero recibió una llamada de su jefe y supo que tenía que hacer varias cosas para el día siguiente en la escuela, por lo tanto, quedarse allí en la tienda era perder el tiempo, pero no podía salir, porque no podía caminar con aquella lluvia tan fuerte.

- ¿Qué hago? –Se preguntó.

Después de unos minutos, la lluvia dejó de ser tan agresiva, sin embargo, no podía caminar, al menos, debía irse con cuidado. Pero, en ese momento recordó que no importaba si mojaba los zapatos que llevaba puesto. Y, además de eso, recordó que, a dos cuadras, había una parada de autobús.

- Puedo caminar hasta allá –Dijo.

Pero no caminó, sino que corrió hasta la parada de autobús. La lluvia caía encima de él muy fuerte, hasta el punto de no ver bien el camino. Todos estaban escondidos en tiendas, él era la única persona corriendo. Después de pocos segundos, finalmente llegó a la parada de autobús. Allí había dos personas esperando con un paraguas.

- Soy muy tonto, ¡Debí comprar un paraguas! –Dijo.

Pero, ya era muy tarde, ya estaba todo empapado. El autobús llegó y se subió. Aunque se sentía empapado, se alegraba por tener nuevos zapatos. El autobús conducía lento, pues era peligroso conducir rápido mientras estaba lloviendo. Cuando Diego estuvo cerca de casa, compró un paraguas. Al llegar, se desvistió, arrojó los zapatos antiguos, tomó un baño, y después regresó a su cuarto, feliz de que finalmente tenía nuevos zapatos para trabajar y también un paraguas para no mojarse otra vez cuando estuviese lloviendo.

Fin de la historia

Resumen

Diego tenía un día normal, pero un día pisó algo afilado que lastimó su zapato. No le prestó atención, sin embargo, después llovió mucho y la lluvia terminó de estropear sus zapatos por completo. Por ello, decidió ir al centro comercial de la ciudad a comprarse otros, y la lluvia se presentó de nuevo, muy agresiva, pero él cubrió sus nuevos zapatos y, al final del día, pudo conseguir zapatos nuevos.

Summary

Diego had a normal day, but one day he stepped on something sharp that hurt his shoe. He didn't pay attention to her though after it rained a lot and the rain ended up ruining his shoes completely. Therefore, he decided to go to the city mall to buy others, and the rain came again, very aggressively, but it covered his new shoes and, at the end of the day, he was able to get new shoes.

Preguntas

1. ¿En dónde trabajaba Diego?
1. En el centro de la ciudad
2. En una escuela
3. En una oficina
4. En casa
5. En otra ciudad

2. ¿Cuándo compraba ropa Diego?
1. Todos los fines de semana
2. Todos los días
3. Cuando la necesitaba

4. Cuando tenía dinero

5. Cuando quería

3. ¿Qué pisó Diego para romper su zapato?

1. Un clavo

2. Un martillo

3. Una taza

4. Un celular

5. Un cable

4. ¿A dónde fue Diego para comprarse otro par de zapatos?

1. A otra ciudad

2. Al centro comercial de la ciudad

3. A otro país

4. A una tienda

5. A un supermercado

5. ¿En cuántas tiendas entró Diego?

1. En 5 tiendas

2. En 3 tiendas

3. En 2 tiendas

4. En 4 tiendas

5. En 10 tiendas

Respuestas

1)   2
2)   3
3)   1
4)   2
5)   5

El gran deseo de Jenny

Jenny comenzó a estudiar en una nueva universidad. Ella ya había estado en otras universidades, pero no había podido completar sus estudios por motivos económicos y familiares. Esto a Jenny le afectaba muchísimo, porque a ella realmente le gustaba estudiar y quería completar su carrera universitaria, pero no había podido hacerlo. Sin embargo, afortunadamente, una tarde navegando en sus redes sociales, encontró un instituto muy bueno cerca de casa. El instituto era económico, estaba cerca de casa, y enseñaban muy bien según lo que investigó. Además, tenía la carrera que ella quería estudiar, publicidad, y esto la animó mucho.

Al día siguiente, se dirigió al instituto para preguntar todo lo que tenía que buscar para poder inscribirse allí. Necesitaba varios papeles, como su documento de identidad, documentos de nacimiento, entre otras cosas. También le indicaron el costo de la mensualidad y de qué manera podría pagarlo, así como también la duración de la carrera. Jenny, al salir del instituto, notó que todo estaba muy limpio y que las personas allí se encargaban de no contaminar nada, todo lo echaban a la basura.

A Jenny eso le encantó esto, porque ella siempre se interesó en el medio ambiente y en qué hacer para evitar la contaminación. Cuando llegó a casa, habló con su madre y ambas buscaron todos los papeles necesarios para que Jenny comenzara a estudiar en aquel instituto. Después de un par de días, Jenny encontró el dinero necesario para poder estudiar allí. Así que, el sábado de esa misma semana, Jenny se dirigió al instituto con todos los papeles para poder estudiar allí. Las clases serían sabatinas, es decir, sólo los sábados.

Jenny estaba muy emocionada. Salió de allí y no pudo estar tranquila durante la semana entera. Se dirigió al centro de la ciudad para comprar cuadernos, lápices, y un bolso. Al llegar, notó cómo todos contaminaban el ambiente, veía el humo de los automóviles ensuciar la ciudad, y las personas echar envoltorios a las calles. Jenny estaba molesta por ello, no podía creer que en el instituto era tan diferente.

Cuando Jenny fue al primer día de clases, ella se decepcionó un poco, porque esperaba tener materias relacionadas al cuidado del medio ambiente, tal vez alguna actividad, o al menos personas hablando al respecto, pero no había nadie hablando al respecto. Sí, el instituto estaba limpio y todos hacían cosas para cuidar el ambiente, pero nadie hablaba sobre ello. Por otra parte, Jenny no sabía cómo hablar con nadie sobre ese tema. Jenny quería hacer alguna actividad y así expandir aquellas ideas, pero no sabía cómo hacerlo, sin embargo, durante un sábado, entró un profesor con una actividad que alegró mucho a Jenny.

- Como evaluación, haremos una actividad muy especial. Ustedes saben que la playa es un lugar que la gente ensucia mucho y nosotros, como jóvenes, debemos cambiar eso y cuidar más nuestro medio ambiente. Esta actividad consiste en un viaje a la playa y recoger la basura que podamos encontrar –Dijo el profesor.

Los ojos de Jenny se iluminaron. El viaje sería en dos semanas y cada persona debía aportar diez dólares para que el viaje pueda realizarse. En ese momento, Jenny no tenía el dinero. Pero, al llegar a casa, habló con un vecino para que le prestara el dinero.

- Te lo regresaré pronto, lo prometo –Dijo Jenny.

- Está bien, no te preocupes –Respondió el vecino.

Jenny, durante el sábado de esa semana, entregó el dinero al instituto y estaba súper feliz, porque finalmente irían a la playa a realizar una actividad que Jenny quería hacer desde hace mucho tiempo. Cuando Jenny salió del instituto, llegó a su casa y decidió adelantar la tarea que tenía, para así estar libre y poder estar tranquila durante aquel viaje.

El autobús salía a las 6 de la mañana y todos tenían que estar a las 5:30 de la mañana en la parada de autobuses. Jenny llegó a las 5:20 y estuvo esperando un largo rato hasta que todos llegaron. Luego, el autobús llegó y finalmente todos se fueron. El viaje tomó dos horas. Jenny se había dormido, pero despertó cuando el autobús se detuvo.

Todos bajaron del autobús y quedaron maravillados, porque, ciertamente, la playa es un lugar maravilloso, pero todos estaban asqueados al ver la cantidad de basura que había allí. El profesor y líder que organizó todo este viaje había traído varios botes de basura y todos los implementos necesarios para organizar y almacenar aquellos desechos. Cada quien escogió los utensilios necesarios y se dirigieron a la playa.

Allí estuvieron unas 3 horas, recogiendo basura y poniendo todo en los botes. Había demasiada basura. En cierto punto, todos necesitaron utilizar una máscara, porque el olor era insoportable. Después de aquellas tres horas, la playa quedo totalmente limpia.

- ¿Qué haremos con toda esta basura? –Preguntó Jenny.

- No te preocupes, tengo la solución –Respondió el profesor.

Hizo una llamada y llegó un camión de basura con dos personas. Esas dos personas bajaron del autobús, tomaron aquellos botes de basura y los arrojaron al camión. Después, se marcharon.

- Felicidades, chicos, todos contribuyeron para cuidar el medio ambiente. Gracias por apoyarme con esta labor. Es muy importante evitar contaminar nuestras playas –Dijo el profesor.

Todos aplaudieron y asintieron, estaban muy contentos. Pero, también estaban muy agotados. Se quedaron un poco más en la playa y después regresaron a los autobuses. El autobús se tardó dos horas en llegar a la ciudad. Jenny llegó a casa, tomó una ducha, y luego se fue a dormir, necesitaba descansar. Pero, aunque estaba cansada, estaba feliz de haber contribuido a cuidar y limpiar la playa.

Después de varios meses, Jenny terminó sus estudios en aquel lugar, se graduó y estuvo muy feliz. Encontró un buen trabajo relacionado a la carrera que estudió y utilizó sus herramientas para poder fomentar la importancia de cuidar el medio ambiente. Y, saber que podía hacer esto, la hacía muy feliz.

Fin de la historia

Resumen

Jenny quería estudiar en la universidad y, cuando entró, notó que todos eran muy activos en cuanto al cuidado del medio ambiente. En la universidad iban a realizar un viaje a la playa para hacer una limpieza y Jenny tenía miedo de no conseguir el dinero, pero, al final le prestaron el dinero, pudo ir, y la pasó de maravilla. Después de algunos años, Jenny se graduó y pudo implementar lo que aprendió en su carrera para cuidar más del medio ambiente.

Summary

Jenny wanted to study at university and when she entered, she noticed that everyone was very active in caring for the environment. At the university, they were going on a trip to the beach to clean up and Jenny was afraid she wouldn't get the money, but in the end, they lent her the money, she was able to go, and she had a great time. After a few years, Jenny graduated and was able to implement what she had learned in her career to take better care of the environment.

Preguntas

1.   ¿Por qué no había podido completar Jenny sus estudios?

1.   Motivos económicos y familiares

2.   Motivos legales

3.   Estaba muy ocupada

4.   No había universidades disponibles

5.   No sabía qué estudiar

2.   ¿Qué encontró Jenny cerca de casa?

1.   Una escuela

2.   Un edificio

3.   Un trabajo

4.   Un instituto

5.   Una tienda

3.   ¿Qué carrera quería estudiar Jenny?

1.   Idiomas modernos

2.   Derecho

3.   Publicidad

4.   Diseño gráfico

5.   Medicina

4. ¿Cuánto dinero debía aportar cada estudiante para el viaje?

1. Un dólar

2. Cuatro dólares

3. Cinco dólares

4. Diez dólares

5. Siete dólares

5. ¿A qué hora salía el autobús?

1. A las 7 de la noche

2. A las 6 de la mañana

3. A las 4 de la tarde

4. A las 3 de la mañana

5. A las 9 de la mañana

Respuestas

1) 1

2) 4

3) 3

4) 4

5) 2

Los juegos de Lucas

Lucas era un chico de la ciudad, había crecido y nacido en la ciudad, por lo tanto, estaba acostumbrado a ello, a ir a las tiendas, a lugares físicos a comprar lo que sea que necesitara, tanto ropa como comida, y otras cosas más. Su vida había transcurrido de manera tranquila y pacífica allí. Él iba a la escuela todos los días y al salir, siempre se reunía con sus amigos para ir a algún salón a jugar videojuegos o alguna tienda para comprar comestibles. Hacer eso era algo que Lucas amaba, sin embargo, uno cree que lo que uno tiene no es especial hasta que uno no lo tiene y eso le ocurrió a Lucas cuando tuvo que mudarse a un pueblo lejos de la ciudad.

El abuelo de Lucas estaba por fallecer por lo que Lucas y su madre tenían que ir a aquel pueblo, la casa quedaría a nombre de la madre de Lucas, por lo tanto, ellos tenían que ir para organizar todo y quedarse allí un buen tiempo. El pueblo quedaba a 8 horas de la ciudad y eso le molestaba a Lucas, porque a él no le gustaba viajar ni estar en un autobús durante tanto tiempo, sin embargo, era algo que tenía que hacer, no podía rehusarse.

-       Espero que disfrutes la estadía allá, es un lugar muy bonito, ya lo verás –Dijo la madre de Lucas.

-       Yo también lo espero –Respondió Lucas.

Se levantaron muy temprano y se dirigieron a la estación de autobuses con todas las maletas. Llevaban dos maletas, pero eran muy grandes y pesadas. Lucas, a esa hora de la mañana, no tenía mucha fuerza. Su madre llevó una y él llevó otra. Llegaron al autobús, dejaron sus maletas y se sentaron, pues tenían mucho camino por recorrer. El autobús inició el viaje a las 6:30 de la mañana.

Después de 8 horas de viaje, finalmente llegaron al pueblo.

- Esto… Parece abandonado –Dijo Lucas.

- No, no está abandonado, aquí vive mucha gente, ya lo verás –Dijo su madre.

Lucas y su madre caminaron a través del pueblo. Las calles eran muy pequeñas y las casas muy antiguas. Una señora se asomó a la ventana y los vio pasar. Lucas la miró y notó que era una anciana, probablemente de 70 años de edad. Lucas sabía que allí no podría hacer muchas cosas ni conocer a personas de su edad. Cuando llegaron a la casa, ambos entraron.

Todo estaba preparado, allí estaban los papeles, y unas personas esperando a la madre de Lucas. La madre firmó los papeles y aquellas personas se fueron.

- Bueno, ponte cómodo –Dijo la madre.

- Claro… -Respondió Lucas de mala gana.

Fue a la habitación, desempacó todo y puso la ropa en su armario. Había un pequeño televisor en la habitación y una mesa enorme. La cama era pequeña, pero lo suficiente para Lucas. En ese momento, Lucas sintió hambre y decidió salir para preguntarle a su madre qué iban a comer. De repente, recordó que aquel pueblo parecía abandonado y vio, además, que en esa casa no había comida.

- ¿Qué vamos a comer? –Preguntó Lucas.

- Lo tengo solucionado, no te preocupes –Respondió su madre.

Su madre tomó el celular y comenzó a escribirle a alguien. Lucas no podía ver a quién le enviaba los mensajes. Unos minutos después, la madre recibió una llamada.

- Sí, quiero todo eso. Estaré aquí esperando, tráelo a la dirección que te envié, muchas gracias –Dijo.

Lucas no entendía. La madre se fue a otra habitación. Así, Lucas se quedó un gran rato pensando sobre lo que había ocurrido, pero, 30 minutos después, alguien tocó la puerta. La madre de Lucas salió a abrir la puerta y Lucas vio allí a un hombre con varias bolsas en la mano. El hombre entró y le dio las bolsas a su madre. Su madre le dio el dinero y el hombre se marchó.

La madre de Lucas tomó las bolsas y se dirigió a la cocina. "Aquí está la comida", dijo ella.

- ¿Cómo hiciste eso? –Preguntó Lucas.

- Fácil, aquí podemos hacer compras online. Simplemente busca la tienda en tu teléfono, pide lo que quieras, y cuando lleguen, pagas. Y, ¿sabes qué es lo mejor de todo? Que no tienes que salir de casa. Puedes estar en pijama y pedir lo que quieras –Respondió su madre.

Lucas estaba fascinado. En la ciudad era fácil ir a un lugar y comprar todo, pero aquí podía hacer eso y así evitar salir de casa. Recordó que eso también existía en la ciudad, pero mucha gente prefería simplemente salir de casa y hacer las compras. En ese instante, Lucas tuvo una idea increíble para así poder pasar un buen rato en aquel pueblo.

Se dirigió a su habitación y buscó su consola de videojuegos. La conectó al televisor y empezó a jugar. Se puso cómodo y así pasó una hora, pero, en cierto punto tuvo ganas de comer algo delicioso. Por ello, decidió tomar el celular y pedir más comida. Pidió sushi. Después de 30 minutos, llegó una persona a la casa y le entregó el paquete. Lucas lo agradeció y regresó a su habitación a continuar jugando videojuegos mientras comía.

Pasaron los días y Lucas se estaba divirtiendo mucho. Al mismo tiempo, estaba hablando con sus amigos de la ciudad. Lucas les contaba lo que hacía allí, ya que no podía salir a algún lugar a comer como tal. Y, le parecía muy cómodo estar en casa y pedir todo desde allí mientras estaba en pijama.

En cierto punto, Lucas comenzó a aburrirse de los juegos que tenía allí. Había dejado algunos en su casa. Se preocupó, porque los videojuegos eran lo único con lo que podía entretenerse en aquel lugar solitario. Estuvo buscando un rato tiendas en línea para poder comprar videojuegos. Encontró una en donde había cientos y cientos de juegos. Lucas pidió 10 juegos. 20 minutos después, llegó una persona con los juegos y así pasó un rato muy agradable hasta que, unas semanas después, tuvo que regresar a la ciudad.

Fin de la historia

Resumen

Lucas amaba vivir en la ciudad, pero, su abuelo falleció y él y su madre tenían que irse a la casa de su abuelo, porque su madre iba a heredar la casa. Lucas no quería ir, pero no tenía otra opción. Cuando llegaron, la madre pidió comida a domicilio, Lucas no podía creer que eso se podía hacer, así que él lo intentó; pidió videojuegos y así pudo pasar un tiempo tranquilo en aquel pueblo antes de regresar a la ciudad.

Summary

Lucas loved living in the city, but his grandfather passed away and he and his mother had to move to his grandfather's house because his mother was going to inherit the house. Lucas didn't want to go, but he had no choice. When they arrived, his mother ordered food at home, Lucas could not believe that it could be done, so he tried it; he asked for video games and so he was able to spend some quiet time in that town before returning to the city.

Preguntas

1. ¿A dónde se mudó Lucas?

1. A otra ciudad

2. A un pueblo

3. A otro país

4. A otra región

5. A otro estado

2. ¿Quién heredaría la casa del abuelo de Lucas?

1. Lucas

2. La madre de Lucas

3. El padre de Lucas

4. El hermano de Lucas

5. Un amigo de Lucas

3. ¿A cuántas horas quedaba el pueblo de la ciudad?

1. A 1 hora

2. A 2 horas

3. A 9 horas

4. A 8 horas

5. A 30 minutos

4. ¿Cuántas maletas llevaron Lucas y su madre?

1. Dos maletas

2. Una maleta

3. Tres maletas

4. Siete maletas

5. Nueve maletas

5. ¿Cuántos juegos pidió Lucas?

1. 10

2. 20

3. 9

4. 12

5. 15

Respuestas

1) 2

2) 2

3) 4

4) 1

5) 1

El cuerpo de Manuel

Manuel siempre tuvo problemas con su cuerpo, desde que era pequeño sentía incomodidades. Cuando era un niño, era muy delgado y, en ese momento, él nunca le prestó atención a eso. Pero, cuando creció y llegó a la adolescencia, esto era algo que le molestaba enormemente. Él comía mucho, más que muchos de sus amigos, pero nunca subía de peso. Su madre le explicó que eso era normal en unas personas, pero, aunque era normal, Manuel no estaba conforme con esto. En algunas ocasiones, trató de hacer ejercicio, pero siempre lo dejó a un lado y nunca continuó, pues no sabía qué hacer para finalmente subir de peso y tener un cuerpo con el que se sintiera cómodo.

Realmente, el cuerpo de Manuel no era un problema para nadie. Es decir, nunca tuvo complejos de ningún tipo ni fue rechazado por nadie. Por otra parte, tampoco sufrió de acoso escolar ni en la escuela ni en la secundaria. Pero, todo esto era algo que él quería cambiar desde hace mucho tiempo y no se iba a rendir para poder lograrlo. Cuando fue adolescente, le gustó más la idea de hacer ejercicio, pero todo esto le provocaba mucha ansiedad, cuando estaba cerca de un gimnasio, se sentía incómodo y ansioso.

- No me siento bien –Decía cada vez que pensaba en ir a un gimnasio.

Con el pasar del tiempo, la idea se hizo presente en su cabeza una vez más. Era alguien un poco más maduro y seguro de sí mismo, aunque aún sintiese el miedo de ir a un gimnasio. Durante aquellos días, cuando lo estaba pensando cuidadosamente, fue a dos lugares importantes. El primer lugar fue el consultorio de su psicóloga. Allí, la psicóloga lo ayudó a organizar sus ideas y poder hacer el plan perfecto para ir al gimnasio y no sentir ansiedad. A pesar de que el plan era muy simple, esto era algo que Manuel no podía ver, por eso necesitaba ayuda.

- Bueno, primero necesitarás una toalla, ropa cómoda para hacer ejercicio, y luego ir y pagar la mensualidad. Yo he ido a ese gimnasio, cuando pagas, simplemente subes y entras a la sala principal, eso es todo –Dijo la psicóloga.

Sí, el plan era bastante sencillo, pero era algo que no había podido organizar. Realmente, su cabeza estaba en caos. Después de ver a su psicóloga, se hizo un chequeo médico, porque necesitaba saber si podía hacer ejercicios. Cuando la doctora le confirmó que sí podía ir al gimnasio. Manuel salió del consultorio y se dirigió a varias tiendas para comprar todo lo que necesitaba. En esas tiendas adquirió la toalla, la ropa deportiva, y unos días más tarde consiguió el dinero para la mensualidad del gimnasio. Ya era momento de acercarse al lugar.

Manuel, realmente, no tenía idea de cómo realizar muchos ejercicios con todas las máquinas del gimnasio. Por ello, al llegar al lugar y pagar la mensualidad, preguntó si había instructores. La respuesta fue positiva. Manuel subió, se cambió de ropa, y entró en la sala de pesas. Allí, en esa sala, buscó a un instructor y le pidió ayuda.

- Hola, soy nuevo aquí, ¿podrías ayudarme? –Dijo Manuel.

El instructor asintió y lo llevó a varios lugares y lo ayudó en sus primeros ejercicios. Manuel estaba muy emocionado, pero se sentía muy tímido, no tenía la confianza que usualmente tiene en otros lugares. Después de una hora allí, se despidió del entrenador y se dirigió a su casa. Estaba entusiasmado y comenzó a buscar rutinas de entrenamiento y otras cosas en internet. A partir de ese día, se sentía muy bien con él mismo, porque entendió que sí podía lograrlo. Sin embargo, otros problemas ocurrieron.

Pasaron dos meses y Manuel no veía resultados. Se sentía igual de flaco, no veía que sus músculos crecían, absolutamente nada. Comenzó a pensar que estaba desperdiciando el dinero en ese gimnasio y que, tal vez, ese no era el lugar ideal para él. Pero, una mañana, mientras entrenaba, le preguntó al instructor si debía comprar suplementos. El instructor asintió y le recomendó lo que podía comprar. Al día siguiente, Manuel compró todo lo necesario. El instructor le dio la información sobre los entrenamientos personalizados y a partir del siguiente día empezaron.

Manuel se sintió mucho mejor. La ayuda que tenía era increíble y la pasaba muy bien allí. Algunos entrenamientos eran muy agotadores, demasiado y, cuando Manuel llegaba a casa, solamente se acostaba a dormir, hasta el día siguiente que tenía que regresar al gimnasio. Con el pasar de los días, esto se convirtió en la nueva vida para Manuel, ya no pensaba en otra cosa, solamente en ir al gimnasio, tomar sus suplementos, y buscar más y más rutinas en internet. Era algo que disfrutaba enormemente y no quería dejarlo por nada del mundo.

Los días pasaron demasiado rápido, de repente, sin notarlo, transcurrieron dos meses más y el miedo que tenía antes regresó. "¿Qué tal si no hay cambios en mi cuerpo?" Manuel estaba tan ocupado yendo al gimnasio y trabajando, que nunca se detenía para ver aquellos cambios. Pero, las cosas un día cambiaron, porque comenzó a ver que tenía mucha más fuerza que antes y ya no necesitaba tanta ayuda por parte del entrenador.

Pero, la confirmación de todos los cambios en su cuerpo vino unas semanas después. Manuel llegó al gimnasio y el entrenador aún no estaba allí. Él decidió iniciar con el entrenamiento, porque ya conocía muy bien la rutina que debía realizar. Después de unos minutos, llegó el entrenador y continuó guiándolo. Mientras esto ocurría, Manuel notó que alguien lo estaba mirando; era una mujer que siempre iba allí y que Manuel vio desde el primer día que él pisó aquel gimnasio. Manuel estaba muy ocupado haciendo su rutina, así que dejó de prestarle atención a aquella mujer.

Pero, mientras Manuel estaba descansando, aquella mujer se acercó a él.

- Te he visto desde el primer día acá y veo el progreso que has hecho. Te ves más grande ahora y también levantas mucho más peso – Dijo aquella mujer.

- ¡Gracias! –Dijo Manuel sonriendo.

A partir de ese día, Manuel se sintió mucho mejor con su cuerpo.

Fin de la historia

Resumen

Manuel era alguien que estuvo siempre disconforme con su cuerpo, pero se sentía muy nervioso cada vez que estaba cerca de un gimnasio. Un día buscó ayuda de una psicóloga y de una doctora y, después de hacer el plan perfecto, recurrió al gimnasio. Eventualmente vio resultados y alguien más se lo confirmó. Se sintió muy feliz.

Summary

Manuel was someone who was always dissatisfied with his body, but he felt very nervous every time he was near a gym. One day he sought help from a psychologist and a doctor and, after making the perfect plan, he went to the gym. He eventually saw results and someone else confirmed it for him. He felt very happy.

Preguntas

1. ¿Con qué tuvo siempre problemas Manuel?

1. Con su estómago

2. Con su cuerpo

3. Con sus piernas

4. Con su cabeza

5. Con su vida

2. ¿Cuándo se sentía Manuel incómodo y ansioso?

1. Cuando se levantaba

2. Cuando iba a comprar cosas

3. Cuando estaba cerca de un gimnasio

4. Cuando salía a una cita

5. Cuando salía de casa

3. ¿A qué lo ayudó la psicóloga?

1. A sentirse mejor

2. A que ya no tuviera miedo de nada

3. A curar sus inseguridades

4. A pensar mejor

5. A organizar sus ideas

4. ¿Por qué fue Manuel a ver a una doctora?

1. Porque le dolía el estómago

2. Porque le dolía la cabeza

3. Para hacerse un chequeo médico

4. Porque le dolía el corazón

5. Porque se fracturó una pierna

5. ¿Qué buscaba Manuel en internet?

1. Juegos

2. Videos

3. Rutinas de entrenamiento

4. Películas

5. Música

Respuestas

1) 2

2) 3

3) 5

4) 3

5) 3

Daniel y la universidad

Daniel apenas salía de la secundaria y su único deseo en ese momento era entrar a la universidad. Sin embargo, la universidad en la que quería estar era un poco costosa y no pensaba que sus padres podrían pagarla. Daniel había ido a una secundaria pública y, a pesar de que no tuvo nunca problemas con el dinero, ciertamente no había tanto dinero para pagar una matrícula en una universidad privada.

Antes de la graduación en la secundaria, todos estaban hablando sobre lo que harían después de la graduación. Algunos entrarían en la universidad, otros querían trabajar primero. De hecho, una de las amigas de Daniel le recomendó que primero buscara un trabajo, así consiguiera algo de dinero, y después comenzara en la universidad. Pero, Daniel no creía mucho en ello, porque conocía a muchas personas que, una vez empezaban a trabajar, ya después no regresaban a la universidad y ese no era el sueño de Daniel. Daniel realmente quería ir a la universidad y graduarse, solo dedicarse a ello y más nada.

Sin embargo, los problemas vinieron cuando Daniel habló sobre sus planes, sobre lo que quería hacer, con su familia. Su familia no sabía nada aún sobre los planes de Daniel y, por ello, él estaba nervioso de contarles todo. No quería que su familia se molestara y le dijera: "no". Además, el primo de Daniel, Jesús, terminó la secundaria hace mucho tiempo y, al salir, no entró a la universidad, sino que comenzó a trabajar de inmediato. Pero, el tiempo pasó y Jesús nunca fue a la universidad y eso era algo que Daniel no quería hacer; Daniel realmente quería ir a la universidad.

Una vez que Daniel habló sobre sus planes, la reacción de la familia fue exactamente la que él esperaba.

- ¿En serio? ¡Esa universidad es muy cara y nosotros no tenemos dinero para pagarla! –Dijo su madre, su primo simplemente se fue de la habitación.

Daniel estaba sin palabras. Él estaba emocionado por ir a esa universidad, pues la oferta de carreras era increíble. Como medicina, ingeniería (informática y electrónica), hasta idiomas modernos. Daniel no sabía cuál elegir, aunque Daniel siempre tuvo un talento para los idiomas.

Sin embargo, el destino de Daniel cambió, porque una semana después, él y su madre se dirigieron a otra ciudad para visitar a una tía de Daniel. Mientras estaban allí, su madre y su tía estaban hablando sobre la universidad y lo que Daniel quería estudiar. La madre, de inmediato, dijo que no tenía dinero para pagar eso, pero su tía la interrumpió rápidamente.

- Espera, ¿no tienes dinero? Daniel no va a trabajar, él va a estudiar y tú sabes que sí puedes pagar eso. Además, no es tan costoso –Dijo su tía.

Daniel estaba sorprendido, a partir de ese día, la madre aceptó que Daniel estudiara en aquella universidad costosa. La verdad, la universidad no era extremadamente costosa, se podía pagar, así que sus padres hicieron un esfuerzo y pagaron la universidad entre ambos. Daniel buscó toda la información que necesitaba, así como todos los papeles y documentos.

Él y su madre fueron un lunes. La universidad era enorme y su madre quedó enamorada de aquel lugar. Realmente era muy bonito, había muchos edificios, salones, y escaleras por todos lados. Había tres cafeterías y Daniel ya podía imaginarse comiendo en una de esas cafeterías. Para poder inscribirse, Daniel hizo una fila enorme. Allí pasaron 3 horas, antes de poder entrar a la oficina y entregar todos los papeles. Daniel había elegido la carrera de Idiomas, pues era lo que más le apasionaba.

Después de aquellas tres horas, Daniel se inscribió y regresó a casa.

En una semana iniciaría las clases, así que pasó aquella semana comprando cuadernos, un bolso, y muchos lápices. Una semana después, Daniel llegó a su primer día de clases y ciertamente amó todo lo que vio; sus nuevos compañeros, los profesores, los salones, el ambiente, absolutamente todo. La educación era de calidad y eso, a veces, es difícil de encontrar, pero Daniel estaba feliz de que finalmente encontró algo bueno.

Muchos meses pasaron y Daniel continuaba estudiando. A veces se sentía muy agotado, a punto de rendirse, pero eso es normal mientras se estudia en una universidad, ya que no es algo muy fácil. Daniel veía a los estudiantes de otras carreras, como medicina e ingeniería y admiraba aquellas personas, porque ciertamente estudiaban más y estaban más ocupados que Daniel.

A pesar de que, durante mucho tiempo, Daniel estuvo agotado mentalmente y hacía todo lo posible para aprobar las materias, Daniel no quería rendirse, amaba aquel ambiente y, sin notarlo, llegó al final de la carrera. Antes de la graduación, tenía que realizar un proyecto de investigación, era algo grande, y Daniel tenía un poco de miedo, porque no sabía qué elegir y tampoco sabía si el tema sería lo suficientemente importante. Tenía que estar relacionado con su carrera, pero, seguía perdido. Pasaba horas y horas buscando en internet y no podía sentirse atraído por ninguna idea.

Durante una tarde, mientras hablaba con un profesor, este le recomendó un tema muy interesante en el que Daniel nunca había pensado. El tema se llamaba: "El portuñol", el cual es conocido como una mezcla entre el español y el portugués.

-    Muy bien, me gusta, va relacionado a mi carrera. Hoy estaré investigando –Dijo Daniel.

Cuando llegó a casa, pasó varias horas leyendo sobre el tema, le parecía increíble. Unos días después, él recibió todas las pautas e instrucciones que necesitaba seguir realizando el trabajo de investigación, era un proyecto enorme, y Daniel no tenía mucho tiempo, pero tenía que terminarlo, a como sea.

Así pasó tres semanas, leyendo y redactando, todos los días. Se había olvidado de muchas cosas en su vida, porque ese proyecto de investigación era lo más importante para él. Cuando terminó el proyecto, lo entregó, y era hora de presentarlo. El proyecto tenía 115 páginas, pero, aunque era difícil, se arriesgó y lo hizo.

- ¡Felicidades, Daniel, aprobaste con la mejor calificación! – Dijeron en la presentación.

Unos días después, Daniel se graduó y se sintió muy orgulloso por haber hecho un proyecto tan importante y por haber culminado una carrera universitaria que le apasionaba.

Fin de la historia

Resumen

Daniel quería estudiar en la universidad, pero su familia dijo que no podría hacerlo, porque era muy costosa. Pero, un día, él y su madre visitaron a su tía y su tía regañó a la madre de Daniel. Después de ello, la madre de Daniel y él fueron a la universidad, Daniel se inscribió, y él estudió lo que más le gustaba hasta terminarlo y luego hizo un proyecto de investigación muy interesante sobre un tema que le gustaba.

Summary

Daniel wanted to go to college, but his family said he couldn't because it was too expensive. But one day he and his mother visited his aunt and she scolded Daniel's mother. After that, he and Daniel's mother went to college, Daniel enrolled, and he studied what he liked the most until he finished it, and then he did a very interesting research project on a topic that he liked.

Preguntas

1. ¿Cómo era la universidad en la que quería estar Daniel?
1. Grande
2. Pequeña
3. Barata
4. Un poco costosa
5. Abandonada

2. ¿Qué le recomendó una de las amigas de Daniel a él?
1. No estudiar
2. Estudiar en la universidad
3. Buscar un trabajo
4. Irse del país
5. Trabajar con ella

3. ¿Cuál fue siempre el talento de Daniel?
1. Los deportes
2. El ajedrez
3. Los idiomas
4. Las matemáticas
5. La pintura

4. ¿Cuándo fueron a la universidad Daniel y su madre?

1. Un sábado

2. Un domingo

3. Un martes

4. Un viernes

5. Un lunes

5. ¿Cuántas cafeterías había en la universidad de Daniel?

1. Dos

2. Una

3. Cuatro

4. Tres

5. Cinco

Respuestas

1) 4

2) 3

3) 3

4) 5

5) 4

Las preocupaciones de Eliana

Eliana estudiaba diseño de modas en la universidad, eso fue lo que siempre quiso estudiar desde pequeña. Afortunadamente, su familia siempre tuvo el dinero suficiente para ayudarla con muchas cosas durante mucho tiempo. De vez en cuando iban a la playa, se iban de vacaciones, entre otras cosas más y esto no lo podía hacer cualquier familia, afortunadamente, la de Eliana sí podía. Por eso, cuando Eliana crecía, desde su niñez, hasta su adolescencia, siempre tuvo buenos recuerdos y ella siempre se sintió agradecida por eso.

Cuando se graduó de la secundaria, empezó la universidad. A pesar de que la universidad en la que estaba era algo costosa, su familia pudo pagarla. A ella esto le alegraba mucho, porque no se veía estudiando otra cosa que no fuese diseño de modas. Era la carrera que soñaba desde que era pequeña y se sentía muy feliz por estar estudiando eso, finalmente, además, en una universidad reconocida y muy importante.

Sin embargo, así como ocurren los romances en la primaria y en la secundaria, también hay romances en la universidad y, precisamente, eso le ocurrió a Eliana. En el primer semestre, Eliana conoció a un chico muy lindo del cual se enamoró inmediatamente. Comenzaron a hablar en la tercera semana de clases. Su nombre era John y Eliana aseguró, mucho tiempo después, de que fue amor a primera vista y ella lo sentía exactamente de esa manera. Todo fluyó de manera muy natural, sus primeras conversaciones, su primera cita, y luego el momento en el que se hicieron novios.

Ese momento fue muy especial, ya que fueron a un parque. John la había invitado a ese parque. John era un artista, él hacía dibujos, así que tuvo la idea de tener un picnic con ella, mientras comían y dibujaban. Ambos tenían que dibujar lo que más amaran. John la dibujó a ella y, debajo del dibujo, había una pequeña nota que decía: "¿Quieres ser mi novia?" Eliana no pudo aguantar las lágrimas y lo besó. A partir de ese día fueron novios y eso continuó durante muchos años más.

Después de ese momento tan lindo, fueron a un bar en la noche. Estuvieron comiendo y bebiendo. Después estuvieron bailando un largo rato, hasta el cansancio. Disfrutaron mucho ese momento, después, John la llevó a su casa y ella aceptó. Cuando llegaron notaron que ya era muy tarde, y les costaría levantarse por la mañana. Pensaron que iban a llegar tarde a clases, así que coordinaron al día siguiente y llegaron juntos a la universidad y sus días continuaron así, pero algo sorprendería a Eliana en las próximas semanas.

- ¿Estás embarazada? –Preguntó John, sorprendido.

- Sí, así es, ¡Seremos padres! –Gritó Eliana.

Ambos se abrazaron, estaban muy felices. A pesar de todo, ambos tenían algunas preocupaciones. Eliana estaba un poco asustada, porque recibía muchos comentarios negativos, sobre lo difícil que sería llevar un bebé en el vientre mientras estudiaba. Esto entristecía mucho a Eliana, porque ella realmente quería tener a ese bebé y haría todo lo posible para tenerlo. Al mismo tiempo, no podía dejar que esos comentarios le afectaran, porque sabía que venía un camino algo difícil para ella. Pero, ella estaba dispuesta a continuar su carrera universitaria.

John, por otra parte, también estaba preocupado. Pero, no estaba preocupado por él, pues la apoyaría en todo lo que necesitara Eliana. Tenía el dinero disponible para hacerle cualquier tipo de examen y llevar el chequeo constante que un embarazo requiere. Solamente estaba preocupado por Eliana, porque llevar un bebé no era una tarea fácil, mucho menos estudiando. A pesar de que no hablaban mucho al respecto, ya que estaban ocupados con las asignaciones de la universidad, si Eliana necesitaba algo, John hacía todo lo posible para conseguirlo. Sí, no discutían sobre sus preocupaciones, pero, inconscientemente, estaban el uno para el otro, si algo salía mal.

Los días continuaron y Eliana y John ya eran padres, estaban muy felices. Ambos no podían esperar tener ya al bebé y John siempre estaba pendiente por si había que realizar algún chequeo médico. Mensualmente iban a la clínica para realizar tales chequeos y, aunque eran costosos, John y Eliana no faltaban a ninguna cita. Durante todos esos chequeos, el doctor confirmaba que el bebé estuviera en buenas condiciones de salud. Así los meses transcurrieron y el momento del parto se acercaba.

Eliana tenía miedo de dar a luz en un momento importante de la universidad. La tesis se acercaba, era momento de realizarla, y Eliana tenía miedo de que tuviese que dar a luz durante aquellos días. Pero, algo bueno pasó.

- ¡Creo que ya es hora! –Gritó Eliana durante la madrugada.

John la llevó inmediatamente a la clínica y allí ambos presenciaron aquel momento tan esperado por ambos. Ese momento en el que John vio sus propios ojos en su bebe, así como las facciones de su esposa. No pudieron evitar llorar de la emoción. Los días siguientes fueron un poco duros para Eliana, porque tenía que descansar y, sin embargo, ella seguía preocupada por la tesis. Pero, John hizo un esfuerzo enorme para que todo saliera bien.

John se hizo cargo de la tesis. Adelantaba durante el día y, por la noche, se ocupaba de Eliana. También fueron días muy difíciles para John, porque estaba ocupado todo el tiempo y eso lo estaba consumiendo, pero lo hacía por algo bueno.

- Valdrá la pena –Decía John constantemente.

Y, la verdad es que, así fue. Sí, valió la pena. Eliana fue recuperándose lentamente, pero ya podía hacer más cosas. El doctor le había dicho que podía realizar más esfuerzos, por ello, comenzó a hacer los preparativos de la presentación de la tesis con John. Esto tomó un par de días, ambos ya conocían muy bien el tema. Y, de esta manera, el día de la presentación finalmente llegó.

Después de 20 minutos agotadores en los que estaban muy nerviosos, finalmente les dieron los resultados.

- ¡Aprobado! –Dijeron los jurados.

Eliana y John lloraron de la emoción. Al salir de la universidad, se tomaron una foto, en donde ambos estaban muy elegantes, con el bebé en los brazos de John.

- Lo logramos –Dijeron ambos.

Fin de la historia

Resumen

Eliana estudiaba diseño de modas. Cuando comenzó a estudiar, en el primer semestre, conoció a su novio, John, y ambos eran muy felices. Después de unos días, Eliana quedó embarazada y ellos continuaron estudiando. A pesar de que a ambos les dijeron que las cosas serían difíciles, ellos persistieron y, aunque Eliana dio a luz días antes de la tesis, igual hicieron su presentación, se graduaron, y fueron muy felices.

Summary

Eliana was studying fashion design. When she started studying, in the first semester, she met her boyfriend, John, and they were both very happy. After a few days, Eliana became pregnant and they continued studying. Despite both being told that things would be difficult, they persisted and, although Eliana gave birth days before the thesis, they still made their presentation, graduated, and were very happy.

Preguntas

1. ¿Qué estudiaba Eliana?

1. Idiomas
2. Ingeniería
3. Medicina
4. Enfermería
5. Diseño de modas

2. ¿Cuándo conoció Eliana a su novio?

1. En el tercer semestre
2. En el último semestre
3. En el primer semestre
4. En el cuarto semestre
5. En el séptimo semestre

3. ¿Cómo se llamaba el novio de Eliana?

1. David
2. José
3. John
4. Andrés
5. Gabriel

4. ¿Cuántas veces iban a la clínica por el chequeo médico?

1. Todos los días

2. Todos los sábados

3. Todos los meses

4. Cada quincena

5. Anualmente

5. ¿Por qué Eliana estuvo triste?

1. Por comentarios negativos

2. Por las malas calificaciones

3. Por los comentarios positivos

4. Por su familia

5. Por la familia de su novio

Respuestas

1) 5

2) 3

3) 3

4) 3

5) 1

La persistencia de Enrique

Desde la universidad, Enrique siempre ha sido parte de grupos importantes para llevar a cabo cualquier acción necesaria para hacer algún cambio necesario con el fin de ayudar a la universidad. Desde aquellos momentos del pasado, él descubrió lo que quería ser en su vida. Quería ser un líder político y luchó durante muchos años para ser eso. Algo que él no sabía y que no se esperaba, en lo absoluto, era que, para ser líder político en su país, tenía que atravesar muchas adversidades y momentos difíciles en su vida y, de la misma manera, invertir mucho dinero, pero, sobre todo, tiempo, bastante tiempo. En la universidad, esto no le consumía tanto tiempo como pensaba en aquel entonces, pero, las cosas cambiaron cuando salió de la universidad y tuvo que enfrentarse con la realidad.

Primero empezó en la alcaldía de su ciudad. Él no podía ir simplemente allí y ofrecerse como líder, las cosas no funcionaban de esa manera. Eventualmente descubrió que todo se trataba de tener contactos y que lenta, pero de manera exitosa, podría escalar hasta la cima. En las urbanizaciones, muchas veces necesitaban un líder para llevar a una comunidad específica algo que la comunidad necesitara y, una de las maneras para poder hacer eso, era recogiendo firmas y ofreciéndose como voluntario para hacerlo. También, era un trabajo que no pagaba, al menos no en el comienzo.

Enrique recuerda cómo fueron sus inicios. En su comunidad, todos necesitaban el servicio del gas que aún no llegaba. Nadie tenía los conocimientos necesarios ni recursos para unir a toda la comunidad y, de esa manera, hacer algo al respecto. Pero, Enrique allí vio una oportunidad para demostrarles a todos que él sería un líder increíble y que podría hacer algo para que su comunidad, finalmente, disfrutara de aquel servicio que tanto estaban esperando. Por ello, tuvo una idea buenísima.

Comenzó a recoger firmas. Tomó varias hojas de papel y visitó casa por casa a todos los habitantes de la comunidad, para así escuchar el problema que tenían, proponer soluciones, y hacer algo al respecto. Después de varios días en los que estuvo visitando a todas las personas, logró recolectar 150 firmas. Con todas sus hojas, las firmas, y las observaciones que él mismo había anotado, se dirigió a la alcaldía, pidió una reunión con el alcalde, y le habló sobre el problema que la comunidad presentaba. El alcalde estaba impresionado y pidió disculpas por no haber prestado atención antes a aquella comunidad.

Enrique, durante toda la reunión, tenía una expresión muy seria. Él necesitaba que el alcalde se diera cuenta de que esto se lo tomaba muy en serio y de que haría lo que fuera para resolver aquel problema. Unos días después, el servicio del gas en aquella comunidad fue restablecido totalmente y todos los habitantes de aquel lugar estaban enormemente agradecidos con Enrique. A partir de ese día, si necesitaban algo o si tenían alguna queja, se dirigían a Enrique. Pero, no lo hacían para culparlo a él, lo hacían para buscar ayuda y Enrique siempre veía esto como oportunidades para poder escalar más y más, para tener una mejor posición allí y así ser tomado en cuenta.

El alcalde comenzó a escuchar más y más sobre Enrique. Le parecía un hombre valiente y sin temor de hacer lo que fuera por su comunidad. Un día, el alcalde decide llamarlo y ofrecerle trabajar con él. A pesar de que Enrique estaba sin palabras, no dudó en darle una respuesta positiva. A partir de ese momento, Enrique empezó a colaborar con el alcalde y ayudarlo a solucionar problemas con las comunidades locales, todos amaban a Enrique.

Con el pasar de los días, Enrique se dio cuenta de que aquel trabajo era para él, eso era lo que quería hacer por el resto de su vida y que, sólo le quedaba trabajar más y más para poder llegar a un cargo mucho mayor. El tiempo pasó y ya personas más importantes lo contactaban para trabajar en proyectos más grandes. Incluso llegó a viajar a otro estado, porque necesitaban de su ayuda y de sus ideas. Enrique era alguien innovador. De esa manera, llegó un momento en su vida crucial, algo con lo que había soñado ser desde niño, algo que veía imposible; ser presidente.

Gracias al alcalde, vio la oportunidad para presentar su candidatura. Sin embargo, había una decisión muy grande que debía tomar, pues esta le hizo recordar lo que tuvo que hacer en sus inicios para que la gente confiara en él. ¿De qué manera iba a hacerse conocido en todo el país para que la gente pudiese votar por él?

- Sólo hay una solución, Enrique –Dijo el alcalde.

- ¿Cuál es esa? –Respondió Enrique.

- Viajar por todo el país –Respondió el alcalde.

Enrique no podía creerlo. Eso podría tomar muchos meses. Aunque tenía el tiempo suficiente para hacerlo. Sabía que aquel viaje le cambiaría su vida entera. Además, era mucho dinero que iba a invertir allí. Él no estaba casado, por lo tanto, cuando llegó a casa, no tenía con quien hablar de aquella decisión tan importante. Pero, sin pensarlo tanto, recordó que él había luchado por eso desde hace mucho tiempo, así que agendó el primer vuelo a otro estado para el día siguiente, preparó sus maletas, hizo unas llamadas y, al día siguiente, se fue a las 6 de la mañana al aeropuerto.

Enrique pasó unos 8 meses viajando por todo el país, dándose a conocer como nuevo candidato presidencial, explicando lo que haría si llega a ser presidente y a prometer muchas cosas que él sabía que iba a cumplir, que podía cumplirlas, porque confiaba en sus principios. Después de aquellos largos y difíciles meses, en los que dormía en hoteles y sólo comía en la calle, regresó a su hogar, extrañaba su casa.

Unas semanas más tarde, fueron las elecciones. Veía en el televisor su imagen y a toda la gente votando. Pero, aunque comenzó a perder las esperanzas, al final dieron el resultado. Había ganado, era el nuevo presidente de aquel país.

- Lo logré –Dijo.

Fin de la historia

Resumen

Enrique quería ser un líder político en su país, pero no sabía por dónde empezar. Por ello, comenzó ayudando a su comunidad y participando en la alcaldía de su ciudad. Después de hacer algo importante por su comunidad, comenzó a trabajar en la alcaldía y se le dio la oportunidad para postularse como presidente. Tenía que tomar la decisión de viajar por el país y darse a conocer, pero no lo dudó y, al regresar, las elecciones de ese año empezaron y él las ganó.

Summary

Enrique wanted to be a political leader in his country, but he didn't know where to start. For this reason, he began helping his community and participating in the mayor's office in his city. After doing something important for his community, he began working at the mayor's office and was given the opportunity to run for president. He had to make the decision to travel around the country and make himself known, but he did not hesitate to, when he returned, the elections of that year began and he won them

Preguntas

1. ¿Qué quería ser Enrique?

1. Un ingeniero

2. Un licenciado

3. Un artista

4. Un músico

5. Un líder político

2. ¿En dónde empezó Enrique?

1. En su casa

2. En la calle

3. En otra ciudad

4. En la alcaldía de su ciudad

5. En otro país

3. ¿Cuántas firmas logró recolectar Enrique?

1. 60

2. 40

3. 150

4. 200

5. 10

4. ¿A qué hora se fue Enrique al aeropuerto?

1. A las 8 de la noche

2. A las 6 de la mañana

3. A las 2 de la mañana

4. A las 9 de la noche

5.   A las 3 de la mañana

5. ¿Cuántos meses pasó Enrique viajando?

1. 8 meses

2. 3 meses

3. 2 días

4. 1 mes

5. 9 horas

Respuestas

1) 5

2) 4

3) 3

4) 2

5) 1

El arte de Abraham

Abraham se había marchado a la guerra hacía muchísimo tiempo. A pesar de que a todos les parecía una mala idea, ya que, en la actualidad, conocemos cuáles son las consecuencias de la misma, no había nada bueno en ir. Sin embargo, Abraham tenía ese sentido patriótico que muchos militares conservan; quería luchar por su país. Se trataba de su convicción, de la alegría y la valentía que le provocaba el luchar por algo que quería. Esta valentía no solo se presentaba al momento de defender a su país, sino que también de las cosas fundamentales en su vida, como proteger a sus hijos y a su esposa. Por ello, Abraham estaba tan decidido de ir a la guerra, porque era algo que siempre quiso y estaba dispuesto a todo.

Era lo que siempre quiso, desde niño, así que nadie podía ni debía quitarle la alegría y coraje que tenía Abraham para embarcarse a un lugar del cual podría no regresar vivo. La familia tenía muchas preocupaciones. La familia temía que llegaran otros militares a darle la mala noticia de que Abraham había fallecido en la guerra. Eso era más común de lo que uno podría esperarse. Por ello, su familia rezaba todos los días y siempre enviaron cartas. Cartas que Abraham contestaba cuando podía.

Por otra parte, la familia tenía un temor más. Muchos de los que regresaban de la guerra, regresaban a veces sin un brazo, sin una pierna, parapléjicos, y hasta con problemas mentales. Esto era lo que podía esperarse de una guerra, pero, una vez que regresaban, el ejército se desentendía totalmente de aquellos afectados. Quedaban totalmente abandonados y eso era algo que la esposa de Abraham temía.

-    Cualquier cosa que ocurra, aquí estaré esperándolo –Decía su esposa.

Mucho tiempo pasó. La familia contaba todos los meses. Anotaban en una hoja que ponían en la pared, uno, dos, tres meses, hasta cuatro y cinco meses que tenía ya Abraham en la guerra, y aún no regresaba. La esposa perdía las esperanzas, porque, desde cierto momento, dejó de recibir cartas de Abraham. Nadie le daba respuestas a la familia de Abraham y eso dejó a su esposa triste durante varias semanas. En cierto punto, ella ya no podía sentir nada, era como un robot que sólo comía y veía televisión hasta ir a la cama una y otra vez.

Pero, una mañana, alguien tocó la puerta. A su esposa se le hizo extraño, porque ciertamente no esperaba visitas. Pero, cuando abrió la puerta, sintió que la vida regresaba a ella.

-    ¡Te extrañé mucho! –Dijo Abraham.

-    Yo también te extrañé, mi amor –Respondió su esposa.

Abraham entró y sus hijos corrieron a llorar y a abrazarlo. Abraham dejó todas sus cosas, tomó una ducha, y durmió. Al despertar, bajó para almorzar y, ese día, tuvieron el almuerzo más bonito de todas sus vidas. Abraham estuvo contando todo lo que le había ocurrido en la guerra, los amigos que había hecho, así como los amigos que también había perdido. Después de eso, salieron al parque a pasar un buen rato. Finalmente, Abraham estaba en casa y podía descansar después de 1 año en la guerra.

Abraham pensó que las cosas habían terminado, pero despertó sudando después de una terrible pesadilla. En sus sueños, él despertaba en el campo de guerra, mirando como lanzaron una granada que caía a sus pies, y cómo tuvo que correr muy rápido, con botas pesadas, su fusil, y gritando para escapar lo más que pudiese de aquella granada. Justamente, cuando la granada explota, él despierta.

-    Cariño, ¿estás bien? –Preguntó la esposa.

Él asintió, pero sabía que no estaba bien. Aquellas pesadillas se convirtieron en visiones durante el día y había momentos en donde estaba muy distraído. Hubo un día en el que, mientras caminaba por la calle, de repente se detuvo y gritó, cubrió hasta sus ojos. Su esposa le preguntó qué ocurría. Él le respondió: "Nada". Y siguieron caminando, pero, cuando llegaron a casa, él le confesó que tuvo un recuerdo repentino. Recordó cómo en la guerra un auto lleno de explosivos chocó contra una pared y, si él no hubiese estado a cubierto, hubiese muerto allí.

- Tengo una idea –Dijo su mujer.

Llevó a Abraham a otra habitación. Cuando abrió la puerta, Abraham sintió una explosión de recuerdos en su cabeza. Había una mesa de dibujo enorme, con muchos lápices de todo tipo y una lámpara grande.

- Debes pasar más tiempo aquí, por favor –Dijo su esposa.

A partir del día siguiente, Abraham pasó día y noche en esa habitación. Allí hizo 30 dibujos, todas eran escenas que había visto cuando estaba en la guerra. Explosiones, armas, tanques, personas en el suelo sangrando. Mientras Abraham dibujaba, se le hacía difícil poder mirar el dibujo, pero tenía el suficiente valor para terminar cada uno de ellos. Su esposa entraba para llevarle comida y Abraham sólo salía de aquella habitación para dirigirse al baño.

A pesar de que la esposa deseaba que Abraham tomara un descanso de vez en cuando, ella también entendía que él necesitaba hacer eso. Él necesitaba sacar de sí mismo todos los malos recuerdos que tenía y, la mejor manera de hacerlo, era así, dibujando, ilustrando, haciendo algo artístico. Abraham pasó en aquella habitación un mes y, cuando salió, cuando cerró aquella habitación con una llave para nunca más entrar, tenía una expresión totalmente cambiada.

- Gracias –Le dijo a su esposa.

- Yo no he hecho nada, todo lo hiciste tú solo –Dijo ella y decidió besarlo.

A partir de ese momento, Abraham tenía una expresión totalmente diferente. No era el mismo. Se sentía más alegre, lleno de energía, y tenía iniciativa para hacer muchos planes con su familia. Al día siguiente de salir de la habitación, ellos se fueron a un parque a pasar una linda noche. Abraham tomó fotos, él y su familia ordenaron una rica comida, y se montaron en varias atracciones de aquel parque.

Abraham había superado el trauma que la guerra le había dejado. Ya estaba listo para empezar su vida una vez más.

Fin de la historia

Resumen

Abraham había regresado de la guerra y su familia estaba muy feliz, pero Abraham aún conservaba malos recuerdos y se despertaba con pesadillas. Su esposa le sugirió que dibujara algo y Abraham pasó mucho tiempo en una habitación dibujando muchas cosas. Después de hacer 30 dibujos, salió de esa habitación y pudo ser feliz una vez más, ya se sentía mejor.

Summary

Abraham had returned from the war and his family was very happy, but Abraham still had bad memories and woke up with nightmares. His wife suggested that he draw something and Abraham spent a lot of time in a room drawing many things. After making 30 drawings, he left that room and was able to be happy once again, he already felt better.

Preguntas

1. ¿Qué quería Abraham?
   1. Luchar por su país
   2. Comer
   3. Dormir
   4. Viajar
   5. Trabajar

2. ¿Cuándo regresó Abraham?
   1. Una tarde
   2. Una mañana
   3. Una noche
   4. Un fin de semana
   5. En año nuevo

3. ¿Cuántos años había pasado Abraham en la guerra?
   1. 2 años
   2. 4 años
   3. 1 año
   4. 7 años
   5. 10 años

4.   ¿Cuántos dibujos hizo Abraham?

1.   100

2.   20

3.   50

4.   30

5.   60

5.   ¿Cómo sacaba Abraham de sí mismo todos los malos recuerdos que tenía?

1.   Durmiendo

2.   Viajando

3.   Hablando

4.   Trabajando

5.   Dibujando

Respuestas

1)   1

2)   2

3)   3

4)   4

5)   5

El negocio de Rubén

Rubén disfrutaba de vender cosas desde que era un adolescente. La verdad era que, desde cierto punto de su vida, necesitaba conseguir dinero y no sólo para la universidad, sino que también para su vida en general. A pesar de que no estaba relativamente bien económicamente y que su madre trabajaba arduamente todos los días para llevar el sustento al hogar, Rubén hacía lo posible para ayudar a su madre, para, así, comprar más comida y tener algo más de dinero cuando sus amigos lo invitaban a salir. A diferencia de muchos amigos de Rubén, él siempre tenía la autorización para salir, pero nunca tenía el dinero suficiente. Sus amigos a veces pagaban por Rubén, pero esto no siempre se podía. Rubén, en muchas ocasiones, se molestaba por esto, él quería cambiar ese estilo de vida, por lo tanto, quiso comenzar un pequeño negocio, por su cuenta, y todo empezó en su jardín.

En el ático de su casa, encontró varios juguetes y peluches que no usaba desde que era un niño. A pesar de que eran cosas que hacía mucho tiempo no usaba, tenían un enorme valor. En el jardín de su casa, puso una mesa que su madre ya no usaba y acomodó todos los peluches y juguetes que estaba vendiendo allí. En una hoja de papel, puso los precios de cada uno, y hasta puso ofertas. No tenía muchas esperanzas, pero cuando las personas se acercaban a mirar, él, de inmediato, cambiaba su expresión, y los invitaba a comprar.

Durante los primeros días, nadie compró nada. Él intentaba persuadir a las personas para que se interesaran aún más en sus productos, pero muchas de esas personas no compraban nada. Sin embargo, el que espera siempre tiene resultados y, durante la segunda semana, logró vender todos los productos que tenía allí. Él supo que tenía un don para la venta, cuando una persona se acercó y le preguntó: "¿Cuándo llegarán más juguetes?". Las personas ya estaban esperando que él trajera más juguetes.

Ese fue el inicio de una carrera que estaría llena de altibajos, una carrera para la que había nacido, la carrera de ventas. Después de aquellas ventas del jardín, no volvió a vender más juguetes, pues había recolectado el dinero necesario para mejorar su estilo de vida durante un tiempo. Sin embargo, durante esos días, ya estaba pensando en las próximas ventas que haría y en cómo iniciaría algún nuevo negocio. La madre estaba muy orgullosa de él, porque estaba ayudando en la casa, y porque así ella podría relajarse un poco. Su madre trabajaba de 7 am a 8 pm, por lo tanto, tenía muy poco tiempo para descansar.

Unos meses después, aquel proyecto, ese nuevo negocio, se pospuso gracias a que Rubén estaba por graduarse de la secundaria. Ya iba a iniciar la universidad. Para ir a la universidad, iba a necesitar mucho dinero. Iría a una universidad pública, pero sabía que tenía que tener dinero ahorrado para el transporte, los cuadernos, y muchas otras cosas y, en ese instante, no le quedaba mucho dinero. Por ello, decidió regresar a utilizar una habilidad que se le daba muy bien: las ventas.

En su casa, había una pequeña habitación, era como un local, que daba hacia el jardín. Ese lugar estaba abandonado, así que se tomó 1 día para limpiarlo y acomodarlo. Después de eso, se hizo la pregunta importante: "¿Qué cosas puedo vender?" Y, durante esa época en la comunidad, muchos productos llegaban a todas las tiendas. Así que se le ocurrió la idea de vender comida. Trataría de conseguir pocos productos, pero, de buena calidad, y a un precio que las personas pudiesen pagar.

Después de realizar algunas llamadas con algunos proveedores, se decepcionó mucho. Esos proveedores sólo llevan mercancía a las tiendas que están registradas y que tienen ciertos papeles importantes. Rubén no tenía nada de eso, él era un estudiante universitario sin dinero que acababa de acomodar un pequeño espacio en su casa. Sin embargo, no quiso rendirse, continuó llamando. Estuvo una semana llamando a todos los proveedores que pudo. Hizo 20 llamadas, pero todas fueron sin respuesta positiva, nadie quería llevarle mercancía a Rubén.

Él entendía la razón, pero no podía dejar de estar molesto por eso. Por ello, se le ocurrió una idea; caminaría mucho y compraría individualmente, en otras tiendas, los productos que quisiera vender. Decidió caminar mucho para encontrar el precio más bajo y así poder pagar esa mercancía, para luego venderla desde su casa. No compró tanta mercancía, porque no tenía tanto dinero y le daba miedo que aquella inversión no pudiera recuperarla.

Durante los primeros días, nadie se acercaba a comprar nada. Pero, en la tercera semana, Rubén agotó todos los productos que tenía allí y la ganancia que tuvo era buena. No quería ahorrar dinero aún, así que decidió comprar más mercancía. Y, así pasó una semana más y las personas agotaron todos los productos que Rubén tenía allí. Eventualmente, cuando alguien quería comprar comida, todos acudían a la tienda de Rubén, pues él tenía los mejores precios y siempre fue amable con los clientes.

De esa manera, Rubén pudo pagar la universidad, todo lo que conlleva la misma y, además, pudo continuar surtiendo su tienda de comida para continuar llevando ganancias. Un par de años pasaron y ya la tienda de Rubén era un lugar muy importante dentro de la comunidad. Y, más importante aún, Rubén estaba a punto de finalizar la universidad.

Cuando finalmente se graduó, Rubén tenía en mente un proyecto muy importante. Algo en lo que había pensado desde que comenzó con la venta de juguetes. Dejó que su madre atendiera la tienda que estaba en casa y Rubén pasó mucho tiempo en reuniones con muchas personas importantes. Después de unos años, Rubén se convirtió en el dueño de la red de supermercados más importante del país y, ahora, los proveedores lo llamaban a él para enviarle productos.

- La historia siempre cambia al final, ¿no? –Pensó Rubén.

Fin de la historia

Resumen

Rubén necesitaba dinero, así que comenzó a vender juguetes en su jardín. Después de ganar algo de dinero, se graduó de la secundaria y se dio cuenta de que iba a necesitar mucho más dinero para su universidad. Por ello, decidió arreglar una habitación en su casa y allí empezó a vender comida. Intentó llamar a los proveedores para que le trajesen productos, pero ninguno quería hacerlo. Eventualmente, el negocio de Rubén creció tanto que pudo pagar toda su universidad hasta graduarse y, después, se hizo dueño de una red de supermercados.

Summary

Rubén needed money, so he started selling toys in his garden. After earning some money, he graduated from high school and realized that he was going to need a lot more money for college. Therefore, he decided to fix a room in his house and there he began to sell food. He tried to call the suppliers to bring him products, but none of them wanted to. Eventually, Rubén's business grew so much that he was able to pay for all of his college until he graduated, and later he owned a chain of supermarkets.

Preguntas

1. ¿Cuántas veces trabajaba la mamá de Rubén?

    1. Una vez a la semana

    2. Dos veces a la semana

    3. Todos los días

    4. Los fines de semana

    5. Todos los sábados

2. ¿En dónde empezó el negocio de Rubén?

    1. En el centro de la ciudad

    2. En su jardín

    3. En el garaje

    4. En la casa de un vecino

    5. En un centro comercial

3. ¿En dónde encontró Rubén los juguetes y peluches?

    1. En el ático de su casa

    2. En la tienda

    3. En un supermercado

    4. En el sótano

    5. En el centro de la ciudad

4.   ¿Cuántos días se tomó Rubén para limpiar la habitación en su casa?

1.   4 días

2.   1 día

3.   3 días

4.   5 días

5.   7 días

5.   ¿Cuántas llamadas hizo Rubén a los proveedores?

1.   40 llamadas

2.   50 llamadas

3.   10 llamadas

4.   80 llamadas

5.   20 llamadas

Respuestas

1)   3

2)   2

3)   1

4)   2

5)   5

El instituto abandonado

El instituto estaba totalmente desolado, era totalmente diferente a la primera vez que Marcos visitó aquel lugar. Marcos era un profesor de inglés recién graduado. Había transcurrido sólo un año desde el acto de su graduación y, después de buscar empleo en otros lugares, decidió finalmente buscar empleo como profesor, porque al menos se dedicaría a algo que realmente le gustara. Marcos decidió que aquella sería su profesión. Cuando comenzó a estudiar, no estaba muy seguro de su carrera, pero eventualmente se dio cuenta de que podría hacer una diferencia en el mundo y eso era exactamente lo que él quería hacer; una diferencia.

Marcos pasó cinco años estudiando en la universidad. Durante esos cinco años, también estaba dando clases, obviamente tenía muchas cosas aún por aprender, pero estaba intentando poner en práctica todo lo que estaba aprendiendo. Aunque aún no era un profesional, notó que lo que estaba estudiando en la universidad le funcionaba perfectamente cuando lo ponía en práctica. Algunos de sus estudiantes estaban maravillados con él y siempre lo buscaban para continuar con las clases.

Un año antes de graduarse, notó que una compañera de clases estaba enseñando inglés en un instituto importante. Marcos sabía cuál era ese instituto. Era un instituto enorme y había mucha gente entrando y saliendo. Así como su amiga pudo lograrlo, Marcos pensó que podía lograrlo. Además, a su amiga le iba demasiado bien en el instituto, tenía buenas historias allí y todos los estudiantes la adoraban y eso era exactamente lo que Marcos quería.

Marcos un día fue hacia aquel instituto, llevó su hoja de vida, y también todas sus ganas de trabajar. Cuando entró en el instituto, notó que había mucha gente, muchos profesores, y un ambiente muy lindo. Era todo lo que soñaba. Ese era el lugar en el que Marcos deseaba trabajar. Deseaba tener buenos estudiantes, ese ambiente laboral, y una sonrisa cada vez que saliese del trabajo. Marcos entregó sus papeles y esperó junto a otras tres personas.

Después de unos 30 minutos, los llamaron a todos y los guiaron hacia un pequeño salón para realizar un examen. El examen era de inglés y cubría todas las áreas que un profesor necesitaba dominar para poder dar clases en ese lugar. Para Marcos, el examen fue muy fácil. Eran 3 personas además de Marcos, pero, cuando terminaron el examen, sólo llamaron a dos personas más, además de Marcos. Una de esas personas no había aprobado el examen.

El siguiente paso era hacer una entrevista, en inglés. Marcos hizo todo eso, tuvo un buen desempeño en la entrevista y estaba muy emocionado, porque sabía que lo llamarían. Pero, la verdad es que no fue así. Durante mucho tiempo se estuvo preguntando si las preguntas que le hicieron eran las correctas, si lo hicieron porque estaban interesados en él o sólo querían echarlo de allí lo más rápido posible. Marcos no regresó a ese lugar en mucho tiempo y, en efecto, no lo llamaron.

Un año transcurrió, exactamente un año, y Marcos ya se había graduado y había trabajado en otros lugares. Quería encontrar un lugar en dónde dar clases y recordó aquel sitio. Pensó en ir, porque ya había adquirido mucha más experiencia, por ello, pensó que podría tener mejor suerte esta vez. Por eso, llamó al lugar y le indicaron que fuese al día siguiente a las seis de la mañana con sus papeles. Eso mismo hizo, pero, cuando llegó, se encontró con una gran sorpresa.

El lugar estaba totalmente desolado, el letrero con el nombre del instituto ya no estaba, ahora era todo blanco. Estaba todo cerrado, no había gente allí, no había estudiantes, y sólo 3 profesores.

-    Oh no...

Marcos pensó que esta vez no podría encontrar trabajo, pero por razones diferentes. Sin embargo, daría todo su esfuerzo para poder sobresalir y conseguir el empleo. Cuando llegó, no sabía qué hacer, porque no había nadie, no sabía a quién esperar. Hasta pensó que era una broma de mal gusto. Pero, después de unos minutos, llegó el personal de limpieza y le indicaron que pasara a un salón para realizar un examen.

Él ya conocía ese examen, lo había realizado hacía exactamente un año. Después de hacerlo, entraron dos profesoras para hacerle una entrevista en inglés. Tenía que hacer su mejor esfuerzo y responder de la manera correcta para pasar aquella entrevista.

-    Entonces, Marcos, dime, ¿por qué quieres ser profesor de inglés? –Preguntó una profesora.

-    Porque creo que la educación es una de las cosas más importantes del mundo y porque a través de los años he notado que muchas personas han tenido profesores terribles, así que yo quiero hacer la diferencia –Respondió Marcos.

-    Dime tres fortalezas y tres debilidades de ti –Dijo la otra profesora.

-    A ver... ¿Fortalezas? Soy puntual, aprendo rápido, y tengo mucha dedicación. Y, ¿debilidades? A veces puedo estresarme muy rápido, pero realmente no puedo pensar en otra debilidad. Ah claro, también soy muy competitivo, pero esto puede ser bueno, a veces –Respondió Marcos.

-    Entiendo, no te preocupes. ¿De qué manera ha afectado la pandemia reciente a tu vida? –Preguntó la profesora.

-    Pues, no puedo decir que haya sido algo positivo para todos, pues no todos pueden trabajar desde casa. Pero, en términos generales, creo que tiene su lado bueno y su lado malo y esa es la mejor manera de ver muchas cosas en la vida –Dijo Marcos.

Las profesoras se miraban a ellas mismas, asintiendo. Continuaron hablando sobre la cantidad de estudiantes que tendría Marcos allí, la metodología que utilizaban y todo lo necesario para tener éxito en el instituto. Dijeron que evaluarían las respuestas, porque tenían que entrevistar a otras personas y, bueno, debían elegir al mejor. Marcos estaba un poco asustado, pues necesitaba el dinero.

Cuando terminó la entrevista, Marcos se levantó y se dirigió a la salida. Compró algo de comida y se fue a su casa. No quería pensar mucho en la entrevista, no quería tener expectativas, para así no decepcionarse. Pero, al día siguiente, recibió la llamada.

- Conseguí el trabajo –Dijo, muy feliz.

Fin de la historia

Resumen

Marcos estaba buscando trabajo como profesor de inglés. Recordó un instituto al que había ido hace mucho tiempo y, como ya había adquirido más experiencia, regresó allí para probar suerte. Pero, notó que el instituto estaba algo abandonado y pensó que no sería contratado. Sin embargo, después de realizar el examen y hacer la entrevista, lo llamaron y lo contrataron.

Summary

Marcos was looking for a job as an English teacher. He remembered an institute he had gone to a long time ago and, as he had already gained more experience, he returned there to try his luck. But, he noticed that the institute was somewhat neglected and thought that he would not be hired. However, after taking the test and interviewing, he was called and hired.

Preguntas

1. ¿Cómo estaba el instituto?

1. Lleno de gente

2. Renovado

3. Totalmente desolado

4. Pintoresco

5. Incendiado

2. ¿Cuántos años transcurrieron desde el acto de graduación?

1. Dos años

2. Tres años

3. Cinco años

4. Siete años

5. Un año

3. ¿Cuántos años pasó Marcos en la universidad?

1. Dos años

2. Catorce años

3. Cinco años

4. Nueve años

5. Cuatro años

4. ¿Qué llevó Marcos cuando fue al instituto?

1. Una muda de ropa

2. Su hoja de vida

3. Una foto

4. Una carta de trabajo

5. Sus documentos personales

5. ¿A qué hora fue Marcos al instituto?

1. A las seis de la mañana

2. A las siete de la mañana

3. A las diez de la mañana

4. A las cuatro de la tarde

5. A las ocho de la noche

Respuestas

1) 3

2) 5

3) 3

4) 2

5) 1

Los peligros de las redes sociales

Andrea apenas cumplía 15 años cuando su madre le compró un nuevo teléfono. Todas las adolescentes actualmente tenían teléfonos nuevos y Andrea no iba a ser la excepción. La sociedad llegó a un nivel en donde los celulares son una necesidad. Durante la juventud de la madre de Andrea, un celular sólo servía para llamar y enviar mensajes y eso era todo. A veces los mensajes se tardaban en llegar, era terrible. Pero, en la actualidad, las cosas habían cambiado. Con los teléfonos nuevos, las personas podían tomar fotos, videos, llamar, enviar mensajes, ver series, buscar en internet, y muchas otras cosas.

Andrea aún tenía un teléfono antiguo, era el que su madre le había comprado para mantenerse en comunicación con todos. Y, realmente, Andrea no estaba disgustada con ese teléfono, ella nunca fue alguien que usara tanto el teléfono, pasaba más tiempo leyendo o haciendo los deberes de la escuela. Sin embargo, los tiempos estaban avanzando, muy rápido, por ello, su madre sintió que Andrea debía tener otro teléfono. Además, un teléfono nuevo también podría tener ciertos beneficios para la vida de Andrea, beneficios en cuanto a las clases y otras cosas más.

Algo que tenían en común todas las adolescentes era el constante uso de las redes sociales, en cualquier momento del día. La madre de Andrea veía que cuando Andrea y sus amigas salían a cualquier lugar, a una tienda de ropa, o a comer, sus amigas siempre subían alguna foto de ese momento, mientras comían, o probándose ropa nueva. La madre de Andrea no entendía eso, pero ella notaba que ellas disfrutaban hacer eso.

- Las redes sociales son muy extrañas –Decía la madre de Andrea.

Sin embargo, la madre de Andrea no estaba muy consciente de los peligros que puede significar exponerse de esa manera a las redes sociales. Mientras uno puede ver una foto muy linda y sin mucha importancia, uno no sabe qué personas están mirando esa foto, y muchas de esas personas pueden ser peligrosas. La madre de Andrea ya había escuchado historias en donde una persona es secuestrada gracias a las redes sociales.

Una vez, la madre de Andrea había visto cómo una chica era acosada por un sujeto, este sujeto la veía pasar todo el tiempo y la chica no tenía ni la más remota idea de quién era el sujeto. Él sí sabía quién era ella, pues él veía siempre cada una de las fotos que esa chica subía y esa chica nunca se fijaba en quién revisaba sus fotos. Era algo casi imposible, pues eso es incontrolable, pero nunca le prestó atención y, según la madre de Andrea, no prestarle atención a eso era un error.

Cuando la madre de Andrea estaba comprando el nuevo teléfono para su hija, de repente pensó en eso y se quedó paralizada.

-       Yo no quiero que Andrea pase por eso... -Dijo la madre de Andrea en la tienda.

-       Señora, son $189 –Dijo el encargado de la tienda.

-       Sí, cierto, lo siento, me distraje –Respondió la madre y pagó.

La madre se fue de allí y se dirigió a su casa. Cuando llegó a casa, llamó a Andrea, ya que le tenía una sorpresa. Cuando Andrea abrió la caja, casi se pone a llorar. Era uno de los teléfonos más recientes del mercado, tenía mucha memoria y muchas funcionalidades que otros teléfonos no tenían. Andrea estaba muy emocionada, no sólo por el teléfono, sino por toda la ayuda que podría brindarle el teléfono para sus tareas de la escuela.

-       ¡Gracias, mamá! –Gritó Andrea y se fue a su habitación.

Su madre estaba muy contenta. Después ella se fue a cocinar, sin embargo, no dejaba de pensar en todo el problema reciente de las redes sociales. Y, sus sospechas se acrecentaron con el pasar de los días. La madre de Andrea se dio cuenta de que Andrea estaba posteando muchas fotos en las redes sociales. Fotos sola y también fotos con sus amigas.

Esto no estaba mal, para nada, de hecho, la madre de Andrea disfrutaba ver esto todos los días, sin embargo, de repente, comenzó a ver algo que no le gustó.

En los comentarios de cada foto, había un comentario específico de una persona totalmente desconocida. Durante los primeros días, la madre de Andrea no quiso decirle nada a ella, pues quiso pensar que no era nada. Pero la madre de Andrea comenzó a preocuparse, porque los comentarios seguían y seguían. Andrea tenía demasiadas visualizaciones en sus fotos, por eso, ella no se daba cuenta de lo que estaba ocurriendo. Pero, su madre sí se daba cuenta.

Una tarde, la madre de Andrea se sentó y trató de investigar la cuenta que escribía todos estos comentarios. Esta cuenta no tenía imagen de perfil, tampoco tenía muchos amigos, no había mucha información. Por ello, la madre de Andrea decidió llamar a su hija y así explicarle las cosas que podría hacer para evitar cualquier situación terrible.

-       Hija, escúchame. He estado viendo en tus fotos algo que no me ha gustado –Dijo su madre.

-       ¿Qué es, mamá? –Respondió Andrea.

-       Esto –Dijo la madre y le mostró los comentarios.

-       Yo también lo he visto, pero la cuenta no tiene mucha información, así que no le di importancia.

-       Precisamente por eso debes darle importancia. Podría ser peligroso.

-       ¿De qué manera?

-       Esa cuenta tiene acceso a todos tus datos, tus fotos, las cuentas de tus amigos.

-       ¿En serio?

-       Sí, hija –Respondió la madre y le contó sobre aquella otra chica siendo acosada por alguien.

-       ¿Qué puedo hacer, mamá?

- Puedes hacer muchas cosas, pero mira, yo me he informado bastante. Hay opciones en donde las personas que no te tienen agregada no pueden ver ninguna información de tu cuenta. Haz eso. También pulsa la opción en donde las personas que no te tienen agregada no pueden comentarte ninguna foto. De esta manera, en tu cuenta, sólo se verá tu foto y tu nombre, pero nadie más podría identificarte.

- Está bien, mamá.

Cuando esto ocurrió, los días pasaron, y la madre ya no veía comentarios raros en las fotos de Andrea. Todo estaba bajo control ahora y ella se alegraba de que su hija podía usar redes sociales de una manera bastante segura y fuera de peligro.

Fin de la historia

Resumen

Andrea recién cumplía 15 años cuando su madre le regaló un teléfono nuevo. Ella estaba muy emocionada, porque finalmente podría utilizar más las redes sociales y tomarse muchas fotos. Su madre estaba asustada, porque subir fotos a las redes sociales era algo un poco peligroso. Por ello, su madre le dio algunas lecciones y le indicó cómo minimizar el peligro y, de esa manera, Andrea pudo usar las redes sociales de una forma más sana.

Summary

Andrea had just turned 15 when her mother gave her a new phone. She was very excited because she would finally be able to use social networks more and take lots of photos. Her mother was scared because uploading photos to social networks was something a bit dangerous. For this reason, her mother gave her some lessons and told her how to minimize the danger and, doing this, Andrea was able to use social networks in a safer way.

Preguntas

1. ¿Qué teléfono solía tener Andrea?
1. Un teléfono antiguo
2. Un teléfono dañado
3. Un teléfono nuevo
4. Un teléfono en mal estado
5. Un teléfono bueno

2. ¿Cuántos años había cumplido Andrea?
1. 18 años
2. 15 años
3. 12 años
4. 11 años
5. 9 años

3. ¿Qué tenían en común todas las adolescentes?
1. El cabello
2. Las ganas de estudiar
3. El uso de las redes sociales
4. Buenos hábitos
5. Las ganas de salir de fiesta

4.   ¿Cuánto costó el teléfono nuevo?

1. $200

2. $145

3. $170

4. $500

5. $189

5.   ¿Qué pasó con Andrea cuando abrió la caja del teléfono?

1.   Saltó de la emoción

2.   Se cayó al suelo

3.   Se desmayó

4.   Gritó

5.   Casi se pone a llorar

Respuestas

1)   1

2)   2

3)   3

4)   5

5)   5

El gimnasio y el alcohol

Adrián ya estaba en metido en el vicio, ¿desde hace cuánto? Cuatro años, pero el tiempo ya no importaba, porque, aunque eran sólo cuatro años, realmente se sentía como una eternidad y él ya no podía recordar cómo era su vida antes de caer en aquel vicio. ¿Por qué Adrián había caído en eso? Él podía recordar claramente las razones y el momento exacto en el que había caído en el alcohol. Adrián era un ingeniero, era parte de una empresa de elevadores, él era el encargado de reparar los cables que sostenían los elevadores en diferentes edificios de la ciudad, por lo tanto, siempre estaba viajando a varias partes de la ciudad y muy ocupado, desde la mañana hasta la noche. Había días en donde tenía mucho trabajo, había días en donde nadie los llamaba, pero eso estaba bien, al menos así podía descansar.

Sin embargo, Adrián estaba agotado, pues ese trabajo implicaba mucha monotonía, además, era bastante inseguro, ya Adrián no podía controlarlo. No se trataba del cansancio físico, sino del cansancio mental. Todos los días era lo mismo para Adrián y él ya estaba harto de eso. Realmente, Adrián nunca fue fan del alcohol, jamás había tomado alcohol para desahogarse. En algunos momentos lo hacía socialmente, sin embargo, cuando él salía de fiesta, siempre decía que no volvería a tomar alcohol.

Pero, él recuerda que todo fue gradual, pues un día, cuando salía de su trabajo, un amigo lo llamó y ambos se reunieron en la casa de ese amigo. Allí estuvieron bebiendo un poco. Adrián no solía hacer eso, pero en ese momento lo aceptó, estaba agotado y sólo quería dormir. Además, estaba con su amigo y eso le alegraba un poco. Esos encuentros repentinos se incrementaron. De vez en cuando, su amigo lo llamaba para tomar alguna cerveza. Así, Adrián fue acostumbrándose a beber de manera seguida, una vez por semana, aproximadamente.

Pero, todo empezó un día cuando hubo un accidente en el trabajo de Adrián y este tuvo que ir hasta otro lugar de la ciudad para reparar lo que le solicitaron. Fue un trabajo muy arduo y Adrián terminó súper agotado. Pero, lo que más hizo molestar a Adrián fue que ese día no le pagaron.

-	Te pagaremos la próxima semana, pero gracias por resolver este problema, Adrián –Dijo su jefe.

Adrián ni siquiera estaba molesto, sólo estaba resignado, él ya estaba cansado de todo lo que vivía en su trabajo, además, necesitaba el dinero y nadie se pensaba en él, ni un segundo, para al menos pagarle una parte del dinero. Adrián no se quejó, tomó sus cosas, y se fue a casa. Pasó por el lugar en donde trabajaba su amigo y se detuvo allí. Lo pensó varios segundos y después se fue a una tienda cerca para comprar algunas cervezas. Regresó al trabajo de su amigo y decidieron ir a casa, estuvieron bebiendo un rato.

-	Hey, cálmate, amigo –Dijo su amigo.

Adrián sólo sonrió. A partir de ese día, todo se vino abajo, porque cada vez que Adrián ganaba dinero, sólo lo usaba para comprar más y más alcohol. Ya su comida no le importaba tanto. Cada vez que despertaba, sólo esperaba desayunar para así beber la primera cerveza del día. Beber una cerveza durante la mañana le daba a él la seguridad para empezar el día. Él justificaba esto, pensaba que esto estaba muy bien y que no causaría ningún daño.

Pero, las cosas empeoraron, porque después se desesperaba si no conseguía dinero para comprar alcohol. Hasta pedía prestado, sin saber cómo pagar sus deudas, para comprar cervezas. Los días transcurrieron así, después pasaron los meses, hasta que se cumplió el primer año. Eventualmente conoció a personas que también eran alcohólicas, por eso nunca se preocupó sobre el daño que el alcohol le ocasionaba, porque aquellas personas tampoco pensaban en eso.

De esa misma manera, unos tres años más transcurrieron, ahora tenía 4 años ya bebiendo y ya él ni podía recordar cómo era su vida antes de empezar a beber. Él había cambiado por completo. Antes era una persona fornida, alta, ahora era muy delgado. La ropa le quedaba grande. Ya no tenía mucha fuerza, y su salud mental no estaba en la mejor condición. Tenía muchos problemas con las personas y nunca podía sentirse tranquilo en ningún lugar.

En cierto punto, el problema se agravó, a tal punto que decidió buscar ayuda. Se dirigió a una casa de ayuda, allí una mujer de 50 años, que ya tenía 20 años sobria, llamada Helena, ayudaba a otras personas a superar el problema del alcohol. Ella decía que el primer paso era reconocer que hay un problema. Muchas personas intentan superar un problema, pero no aceptan que tienen un problema, muchas personas justifican esos problemas e incluso los niegan. Adrián solía decir: "Yo no soy un alcohólico, puedo dejarlo en cualquier momento". Pero, él sabía que mentía.

El segundo paso era reconocer por qué uno entró en el alcohol.

-       ¿Qué los llevó a beber alcohol? –Preguntaba Helena.

Esta pregunta era algo fuerte para Adrián, porque allí estaba la raíz de todo. Adrián reconoció que la primera razón por la cual estuvo bebiendo fue porque odiaba su trabajo, comenzó a parecerle insoportable.

-       Hagan algo, cualquier cosa, cada vez que necesiten beber alcohol –Decía Helena.

Adrián recordó que una de las cosas que quería retomar era comer más frutas y hacer ejercicios. Por eso, un día decidió inscribirse a un gimnasio y compró muchas frutas. Renunció a su trabajo, encontró otro empleo mucho más relajado. No tenía nada que ver con la ingeniería, pero al menos en el nuevo trabajo la monotonía no lo azotaba. Y, cuando Adrián salía del trabajo, se dirigía al gimnasio, siempre trataba de esforzarse mucho.

Con el pasar del tiempo, Adrián ganó más masa muscular, recuperó el cuerpo que tenía antes. Se sentía mejor consigo mismo y sus relaciones con sus amigos mejoraron enormemente.

- Nunca más tomaré alcohol –Dijo, una vez que superó su adicción.

Fin de la historia

Resumen

Adrián tenía un buen trabajo y una vida feliz, pero se fue agotando eventualmente de su trabajo, ya no le gustaba y ya ni siquiera le pagaban a tiempo. Cayó en el alcohol gracias a un amigo y, sin darse cuenta, transcurrieron 4 años. Pero, cuando notó que el problema ya era grave, decidió buscar ayuda. Fue a una casa en donde podía recibirla y allí le hicieron preguntas importantes. Después, decidió inscribirse en un gimnasio y lentamente fue dejando su adicción al alcohol.

Summary

Adrian had a good job and a happy life, but eventually he got tired of his job, he didn't like it anymore and he didn't even get paid on time anymore. He fell into alcohol because of a friend and, without realizing it, 4 years passed. But when he realized that the problem was already serious, he decided to look for help. He went to a house where he could receive that, and there asked him important questions. Later, he decided to join a gym and slowly left his alcohol addiction.

Preguntas

1. ¿Desde hace cuánto Adrián tenía problemas con el alcohol?
1. Cinco años
2. Siete años
3. Nueve años
4. Cuatro años
5. Dos años

2. ¿Qué profesión tenía Adrián?
1. Militar
2. Ingeniero
3. Pintor
4. Músico
5. Deportista

3. ¿A dónde se dirigió Adrián cuando el problema se agravó?
1. A su casa
2. A una iglesia
3. A otro país
4. A otra ciudad
5. A una casa de ayuda

4. ¿Cuántos años de sobria tenía la mujer en la casa de ayuda?

1. 50 años

2. 20 años

3. 10 años

4. 30 años

5. 40 años

5. ¿Qué hacía Adrián cuando salía del trabajo?

1. Se iba a su casa

2. Se iba al parque

3. Se dirigía al gimnasio

4. Se iba a beber

5. Se iba a festejar

Respuestas

1) 4

2) 2

3) 5

4) 2

5) 3

El discurso de Erick

Erick estaba muy nervioso, las cortinas estaban a punto de abrirse y sus manos temblaban por el evento que tenía que presentar. Ese discurso lo había terminado de escribir hacía sólo unos minutos. Era un discurso que ya tenía en su mente desde hace mucho tiempo, un discurso que se había dicho a sí mismo durante las noches en las que todo parecía estar mal y también durante los momentos en donde todo estaba bien. Era el discurso más importante que había escrito en su vida, porque resumía lo que había sido el viaje reciente que había hecho desde que inició uno de los proyectos más importantes que había tenido.

- Siempre se aprenden cosas nuevas –Dijo, respiró, pero no podía calmarse.

Estaban en un teatro, allí muchas personas fueron invitadas. Personas que, recientemente, habían tenido cierta influencia en el gobierno y en la ciudad en general. Erick era conocido por varios de los organizadores que estaban allí, por esa misma razón, ellos lo invitaron, porque ciertamente Erick era un ejemplo y una inspiración para ellos y sería una inspiración para muchos más. A pesar de que Erick había logrado muchas cosas, era alguien muy tímido y tenía mucho miedo de salir al escenario a hablar.

- Lo vas a hacer bien –Todos le decían.

Pero, él sólo sonreía, pero de los nervios que tenía. No entendía por qué sentía tantos nervios, lo único que sabía es que él estaba allí ante más de 100 personas y no podía calmarse. Antes de Erick, tenían que pasar y varias personas. Erick se sentó, tomó agua, y se puso a recordar todas las cosas que vivió antes de llegar allí.

Erick había creado algo muy importante para muchas personas. Él pensó que sería algo solo para él y que nadie más se beneficiaría de su creación, pensó que nadie le prestaría atención, pero la verdad fue otra. Erick creó una página web, una plataforma para que las personas pudiesen encontrar consejos y todo lo que necesitarían para aprender inglés. Erick notó que muchas personas no se tomaban el tiempo ni querían, bajo ningún concepto, hacer una diferencia. Erick era una persona apasionada y, a pesar de que sabía que tratar de hacer una diferencia era algo muy difícil, él quería intentarlo.

Ya había tenido experiencia de eso en sus anteriores trabajos, porque siempre hacía las cosas diferentes y sobresalía en cada lugar en el que estaba, las personas siempre recordaban a Erick, incluso por las cosas más pequeñas. Por ello, él confiaba en que esta vez podía lograrlo. En el sitio web, las personas iban a poder encontrar consejos y muchas cosas para mejorar el aprendizaje del idioma, consejos que muchos otros profesores no dan y, sobre todo, mucho material descargable para los estudiantes en todo el mundo.

Sin embargo, poder crear algo así era algo complicado para Erick, pero no era tanto por crear el sitio web, sino porque estaba atravesando un momento de su vida muy complicado. Durante esa época, él no tenía empleo, tampoco tenía dinero ahorrado. La situación en su casa era muy complicada, pues siempre oía peleas y, además, no tenía internet. El internet era lo único que necesitaba, así como la paz en su hogar y ambas eran cosas básicas que ni siquiera tenía. Por ello, un día decidió irse a casa de su abuela.

En la casa de su abuela tendría internet y sabía que su abuela le daría almuerzo. Por eso, Erick se iba todos los días, por la mañana, sin desayunar, a casa de su abuela. Allí usaba el internet. Se sentaba en una esquina de la casa, ligeramente encorvado, y comenzaba a programar todo el sitio web.

Así pasaron un par de semanas y claramente, ya Erick estaba muy agotado. Estaba mucho más débil, pues sólo almorzaba, había dejado de desayunar. Y también estaba agotado mentalmente, porque trabajar sin haber comido bien es un gran error, pero Erick no tenía otra opción. Erick estaba creando un sitio web y, al mismo tiempo, redactaba los documentos que serían descargables para todas las personas que visitarían el sitio.

Un día, después de publicar el sitio web con los archivos descargables, Erick tenía un dolor de cabeza enorme. Había revisado el sitio y vio que no tenía muchas visitas. Le pidió una pastilla para el dolor a su abuela y se acostó a dormir. Una hora después, cuando despertó, notó que su sitio tenía muchas notificaciones. Cuando las abrió, notó que eran muchas visualizaciones y comentarios. Todos agradecían la información que estaba allí y, también, los documentos que se podían descargar, estaban siendo descargados cientos de veces.

- Sólo me dormí una hora –Dijo.

Los días pasaron y a Erick se le ocurrió una cosa.

- ¿Qué tal si pongo información más valiosa en otro documento y cobro una cantidad pequeña de dinero? –Se preguntó Erick.

Eso fue lo que hizo, rápidamente hizo un documento en el que ponía información muy importante con respecto al aprendizaje del idioma y para descargarlo, las personas sólo tenían que pagar $1. En ese momento, cuando Erick subió el documento, tenía que irse a casa. Pero, al día siguiente, cuando regresó, Erick notó que el documento fue descargado 300 veces. Erick ya tenía $300 en su cuenta. Le parecía increíble.

Antes de subir al escenario, Erick recordaba todo esto que había vivido para darse coraje, para recordar que, lo que hizo era impresionante. Se atrevió y, cuando las cortinas se abrieron, Erick caminó hacia el micrófono.

- Buenas noches. Tengo que decir que es un honor estar aquí, nunca imaginé esto, en mi vida. Creo que todos atravesamos momentos difíciles y, es muy fácil decir que eso simplemente "pasará", pero, sé muy bien que no es tan fácil. Sólo tengo que decirles una cosa, siempre crean en ustedes mismos. Uno tiene miedo de realizar cosas por temor a fallar, pero cuando estamos en una situación mala y el miedo es fallar, entonces no hay mucho por lo que temer. Yo temía fallar y, aun así, lo logré, estoy seguro de que ustedes también pueden. Muchas gracias.

Todo el mundo aplaudió, Erick bajó del escenario, muy feliz.

Fin de la historia

Resumen

Erick estaba por dar un discurso importante en un teatro, estaba muy nervioso, porque él no sabía dar discursos e improvisó muy rápido. Para darse algo de valor, recordó todo lo que había atravesado, todos los sacrificios, desde que iba a casa de su abuela sin comer, hasta que creó el sitio web. Después de recordar eso, se armó de valor, dio el discurso, y recordó que realmente había hecho una diferencia.

Summary

Erick was about to give an important speech in a theater, he was very nervous because he didn't know how to give speeches and he improvised very quickly. To give himself some courage, he remembered everything he had been through, all the sacrifices, from going to his grandmother's house without eating to creating the website. After remembering that, he steeled himself, gave the speech, and remembered that he really had made a difference.

Preguntas

1. ¿En dónde dio Erick el discurso?

1. En su casa

2. En un centro comercial

3. En el teatro

4. En una calle

5. En un concierto

2. ¿Cuántas personas había en el teatro?

1. 200

2. 300

3. Más de 100

4. 500

5. 150

3. ¿Qué creó Erick?

1. Una pintura

2. Una página web

3. Una canción

4. Un libro

5. Un poema

4. ¿A dónde se fue Erick para crear el sitio web?

1. A un cibercafé

2. A casa de su abuela

3. A otra ciudad

4. A casa de su mejor amigo

5. A casa de su tío

5. ¿Cuántas veces iba Erick a casa de su abuela?

1. Todos los viernes

2. Todos los lunes

3. Todos los fines de semana

4. Todos los días

5. Todos los martes

Respuestas

1) 3

2) 3

3) 2

4) 2

5) 4

Una pequeña ayuda del banco

Leonardo había entrado a la universidad hace poco tiempo. Era el momento perfecto en su vida para iniciar su carrera profesional, pero ciertamente era un mal momento para iniciar el proyecto que tenía pensado desde su adolescencia. La universidad no era algo malo, para nada. Leonardo quería entrar a la universidad desde hace mucho tiempo y, ciertamente, la universidad, en el futuro, le ayudaría mucho en el proyecto que estaba trabajando. Pero, la universidad le consumiría muchísimo tiempo, tiempo que necesitaría invertir en el proyecto que tenía en mente. Además de tiempo, algo que todos los universitarios necesitan es mucho dinero. La universidad consume demasiado dinero, por lo tanto, Leonardo sabía que no iba a poder dedicarse completamente al proyecto que tenía en mente.

Él, sin embargo, continuó yendo a la universidad. Primero tenía que hacer un curso, ese curso debía aprobarlo y, después de eso, si aprobaba el curso, podía entrar en la universidad. En el curso hizo varios amigos, realmente le gustó aquel ambiente y pasó 2 meses pensando cómo llevar a cabo el proyecto que tenía en mente, pero no se le venía ninguna idea. Además, el monto mínimo de dinero que tenía lo dejaba en la universidad. Gastaba mucho dinero en pasaje, comida, y sus deberes de la universidad.

- Y eso que aún no empiezo el semestre –Dijo cuando terminó la última clase del curso.

Cuando estaba de vacaciones, esperando los resultados del curso, para así saber si iba a entrar en la universidad o no, intentó reunir algo de dinero. Lo que él quería era hacer tatuajes a las personas. Leonardo dibujaba desde que era pequeño y había entrado a estudiar diseño gráfico en la universidad. Por supuesto, el diseño gráfico lo ayudaría muchísimo, pero, por ahora, necesitaba las máquinas para tatuar, algunas clases, y todos los instrumentos importantes para poder tatuar, pero no tenía nada de eso. Sin embargo, él continuó reuniendo dinero. Después, recibió la gran noticia; había quedado en la universidad, empezaría en un mes.

Durante el mes siguiente, continuó guardando su dinero. Tenía ya la mitad del dinero, pero sabía que no sería suficiente, porque una gran parte la tendría que utilizar para el pasaje a la universidad, los útiles, ya que no tenía cuadernos, y también algo de ropa. Además, él vivía solo con su madre, así que no podía permitir que la madre pagara absolutamente todos los gastos de la universidad. Por ello, decidió gastar el dinero que tenía ahorrado en sus útiles.

-       Ya veré qué puedo hacer –Dijo.

Inició el primer día de clases. Todo estaba bien. Amó sus primeras clases. Las primeras clases eran sobre historia del arte, desde el inicio, él supo que podía utilizar todo ese conocimiento no solo para las clases y aprobar las materias, sino que también lo podía utilizar para sus dibujos y así mejorar para cuando se convierta en un buen artista. Durante la primera semana, conoció a alguien que le dio una idea magnífica.

Durante la primera semana, estaba pensando en cómo reunir el dinero para poder comprar todo el equipo para empezar a tatuar. Conoció a un chico, Sebastián, y él le dio la idea de ir a un banco y pedir un préstamo.

-       ¿Cómo es eso? –Preguntó Leonardo.

-       Ve y pregunta. También tienes que abrirte una cuenta bancaria, tienes una, ¿no? –Respondió Sebastián.

-       No, no tengo cuenta bancaria.

-       Amigo, tienes que ir al banco para abrir una.

Al día siguiente, Leonardo salió temprano de clases, y decidió irse al banco y hacer todas las preguntas correspondientes. Allí, en el banco, le indicaron todo lo que necesitaba saber y, a pesar de que era una muy buena idea, Leonardo sabía que era algo muy importante y que debía ser muy serio y estar consciente de todo lo que estaba haciendo, porque no podía meterse en problemas.

En el banco le indicaron todos los requisitos para abrirse una cuenta caja de ahorro. Leonardo podía conseguirlos todos, pero le hacía falta un requisito; una carta de trabajo. Esa carta sólo la entregaban en el lugar en el que trabajabas y Leonardo, básicamente, no tenía trabajo, así que decidió que hablaría con algún amigo para que le facilite esa carta y así, finalmente, abrir una cuenta bancaria.

Leonardo también pidió los requisitos para un préstamo bancario. Era fácil, Leonardo podía obtenerlo, y pagar cuotas mensuales. Pero, había algo que le preocupaba y era no conseguir el dinero para pagar esas cuotas. Leonardo podía conseguir el dinero, comprar el equipo, comenzar a practicar y ganar dinero, pero comenzó a dudar de sí mismo. Leonardo se fue y primero recaudó todos los requisitos para abrirse la cuenta bancaria.

Después de pensarlo muy bien, decidió que sí pediría el préstamo. Tenía algo de miedo, pero aquello era su sueño y no se iba a rendir.

- Además, la presión de pagar una cuota mensualmente hará que me dedique más –Se dijo.

Pidió el dinero, lo obtuvo y salió a comprar su equipo para tatuar. Al día siguiente, comenzó a practicar. Llamó a algunos amigos e hizo algunos tatuajes gratis. Después de unos días, comenzó a cobrar algo de dinero por cada tatuaje. Consiguió el dinero suficiente para pagar el primer mes, pero no le quedaba dinero a él y, si quería continuar tatuando, necesitaba comprar más agujas y toallas, material para continuar. Así que, por ello, le pidió dinero a su madre. Ella no le pondría presión para pagarle.

Leonardo fue a comprar más material y continuó tatuando. Pero, algo que no se esperaba él ni su madre era que fuese tan bueno tatuando. En pocas semanas, Leonardo se convirtió en un reconocido tatuador de la zona y pudo recaudar todo el dinero para pagar la deuda del banco. Una vez que la pagó, el banco le dio beneficios, es decir, podía pedir un préstamo más alto esta vez. Leonardo decidió no pedir nada, ya no lo necesitaba.

Había dejado la universidad a un lado, pero como ya no tenía deudas, ahora pudo organizarse y dedicarle tiempo a la universidad y a su nuevo trabajo. Con el pasar del tiempo, Leonardo pudo pagarse toda la universidad y, tres años después, finalmente se graduó.

Fin de la historia

Resumen

Leonardo quería ser tatuador, pero había entrado en la universidad y sabía que esto le iba a consumir mucho tiempo. Al entrar, un amigo le dio una buena recomendación: pedir un préstamo en el banco. Con ese préstamo, Leonardo pudo conseguir el dinero para comprar su equipo de tatuaje y comenzar a hacerlo, aunque sufrió un poco pagando las cuotas mensuales, eventualmente pudo pagar toda su deuda, empezar a tatuar y graduarse de la universidad.

Summary

Leonardo wanted to be a tattoo artist, but he had entered university and knew that this was going to take up a lot of his time. Upon entering, a friend gave him a good recommendation: ask for a loan at the bank. With that loan, Leonardo was able to get the money to buy tattoo equipment and start doing it, although he struggled a bit paying the monthly fees, eventually, he was able to pay off all his debt, start tattooing and graduate from college.

Preguntas

1. ¿Cuántos meses pasó Leonardo pensando en cómo llevar a cabo el proyecto que tenía en mente?

1. 3 meses

2. 2 meses

3. 1 mes

4. 4 meses

5. 5 meses

2. ¿Qué estudió Leonardo en la universidad?

1. Ingeniería

2. Idiomas modernos

3. Medicina

4. Diseño gráfico

5. Diseño de modas

3. ¿Sobre qué eran las primeras clases de la universidad?

1. Dibujo

2. Historia del arte

3. Matemáticas

4. Estadística

5. Poesía

4. ¿Cómo se llamaba el amigo de Leonardo?

1. Carlos

2. Luis

3. Pedro

4. Sebastián

5. José

5. ¿En dónde pidió Leonardo un préstamo?

1. En la calle

2. En el centro comercial

3. En el banco

4. En la tienda

5. En la alcaldía

Respuestas

1) 2

2) 4

3) 2

4) 4

5) 3

El idioma que Harry no sabía

Harry y Angélica tenían un año de casados y no podían esperar a irse de viaje. De hecho, ellos querían viajar el día de su boda, pero no pudieron hacerlo, era muy complicado y sus amigos querían asistir a la ceremonia. Por ello, decidieron realizar una ceremonia tradicional, invitar a todos sus amigos y ya mucho después tendrían tiempo para viajar. Bueno, tendrían toda una vida para viajar. Durante la ceremonia, la pasaron muy bien. Fue una ceremonia muy bonita y Harry y Angélica no se arrepintieron de haberla hecho. Pero, ya había transcurrido un año y era momento de hacerlo. Angélica quería hacerlo desde hace mucho tiempo y no quería posponerlo bajo ningún motivo.

Harry y Angélica tenían algo en común, ellos no querían irse a ningún lugar en donde estuviera lloviendo constantemente. Angélica detestaba la lluvia, por ello quería irse a algún lugar en Latinoamérica. Estuvo investigando y supo de una región llamada Bahía en Brasil, allí las lluvias eran muy escasas y había, también, playas preciosas; era todo lo que Angélica necesitaba y Harry estaba totalmente de acuerdo. Ellos ya tenían el dinero para hacerlo. De hecho, tenían más dinero del que necesitaban, porque planeaban comprar cosas y traerse algo de recuerdo.

Al día siguiente, mientras desayunaban, Angélica buscó vuelos por internet. Después de una larga búsqueda, encontró dos que salían al día siguiente. Cuando Angélica los encontró, se emocionó mucho, porque no tendrían que esperar mucho para viajar. Después de agendar los vuelos, ambos terminaron de comer y se dirigieron al centro de la ciudad para comprar las maletas. Pasaron dos horas en el centro, eligiendo un par de maletas, una para cada uno, no querían llevarse muchas cosas, porque querían comprar también algo allá.

Cuando regresaron, pasaron todo el día empacando y revisando si tenían todo lo necesario y, muy importante, si no dejaban nada. Cuando aseguraron que lo tenían todo, se quedaron jugando videojuegos y viendo algunas películas, querían relajarse, ambos estaban muy ansiosos. Después de un par de horas jugando, fueron a dormir, pues necesitaban despertar temprano para dirigirse al aeropuerto.

Al despertar, Angélica decidió que no iba a desayunar, pues así ahorrarían tiempo. Desayunarían en el aeropuerto, comprarían el desayuno, era más sencillo hacer eso. Después de alistarse y revisar una vez más si no se les quedaba nada; tenían toda la ropa, sus pasaportes, y todo lo que necesitaban. Salieron de casa y llamaron a un taxi. El taxi llegó en 15 minutos y les tomó 30 minutos más llegar al aeropuerto. Cuando llegaron, se dieron cuenta de que el vuelo saldría en una hora y media, tenían el tiempo suficiente para comer, dar una vuelta, y asegurarse de que todo estaba en orden.

Angélica fue a comprar el desayuno, Harry se quedó en la fila. Esa es la fila que ellos tendrían que atravesar para llegar al avión y finalmente partir. Cuando Angélica regresó, estuvieron hablando sobre las cosas que harían allá al llegar.

- Quiero ir a la playa, me muero por ir a la playa. Siempre he querido ir a alguna playa en Brasil –Dijo Angélica.

- Yo también, ¿las reservaciones del hotel están listas? –Preguntó Harry.

- Sí, así es, no te preocupes. Sólo hace falta llegar, dar nuestros nombres y nos darán nuestra habitación.

- Perfecto. ¿Hay algo más que quieras buscar allá?

- Sí, quiero probar la gastronomía de ese lugar. La gastronomía brasileña es muy rica, sólo una vez probé un plato, pero ahora mismo no recuerdo el nombre.

- Te encanta comer, lo sé –Dijo Harry.

- Sí, así es –Respondió Angélica.

Después de comer, esperaron unos 30 minutos más y comenzaron a llamar a todos, era momento de que la fila de embarque avanzara para poder subir al avión. Harry y Angélica estaban emocionados, era la primera vez que viajaban, no podían esperar hasta llegar a Brasil. Era un país que Angélica deseaba visitar desde hacía mucho tiempo. Después de unos 30 minutos avanzando, finalmente Harry y Angélica subieron al avión, dejaron su equipaje, y se sentaron. Harry decidió dormir, pero Angélica pidió el wifi del avión para poder ver alguna película.

Después de 6 horas de vuelo, finalmente llegaron al país. El lugar era precioso, había mucho sol, era muy pintoresco. Cuando llegaron, Harry recordó algo sumamente importante, algo que se le había olvidado en lo absoluto.

- Oh no… ¡Yo no hablo el idioma!

- No te preocupes –Dijo Angélica-, yo te guiaré.

Bajaron del avión, revisaron sus pasaportes, buscaron sus maletas, y siguieron su camino. Primero se detuvieron en un café cerca del aeropuerto, allí se sentaron y descansaron un poco. Harry estaba aterrado, porque todos alrededor hablaban portugués y él no entendía nada, pero Angélica estaba traduciendo todas las cosas que las personas decían. Después de pasar allí 30 minutos, se fueron al hotel. Angélica dio sus nombres, los atendieron, y en menos de 10 minutos ya estaban en las habitaciones. Al llegar, tomaron una ducha y durmieron, estaban agotados, pero, después de eso, bajaron y se fueron a una playa que estaba cerca del hotel.

Al llegar a la playa, compraron algo de comida en el restaurante y Angélica lo estaba disfrutando mucho. Era algo que quería probar desde hace mucho tiempo. La playa era preciosa, algo que nunca antes había visto Angélica. Después de comer, esperaron una hora, y ambos Harry y Angélica fueron a nadar. Esa experiencia fue increíble.

Regresaron al hotel, se ducharon, y decidieron caminar por Bahía. Las personas siempre estaban sonriendo, muy felices, había algunos bares y tiendas en donde entraron. En las tiendas compraron algunas cosas que definitivamente se llevarían de nuevo a casa y en los bares probaron distintos tipos de cervezas que Harry amó, pues Harry amaba la cerveza.

Al final del día, estaban muy cansados, pero tenían aun 6 días más para disfrutar.

- Estoy amando este lugar –Dijo Harry.

- Me alegra que te guste –Respondió Angélica.

- Ya hasta aprendí un poco de portugués hoy –Dijo Harry.

Angélica se rio. Después ambos durmieron hasta el día siguiente.

Fin de la historia

Resumen

Harry y Angélica querían viajar desde hace mucho tiempo. No pudieron hacerlo el día de su boda, pero después de un año de la ceremonia, hicieron los preparativos para el viaje. Se fueron a Brasil y estaban tan emocionados por viaje, que Harry había olvidado por completo que no hablaba el idioma. Sin embargo, cuando llegaron a Brasil, el idioma no fue un problema, porque Angélica sí entendía el idioma y la pasaron muy bien.

Summary

Harry and Angelica wanted to travel for a long time. They couldn't make it on their wedding day, but a year after the ceremony, they made the preparations for the trip. They went to Brazil and were so excited about the trip that Harry had completely forgotten that he didn't speak the language. However, when they arrived to Brazil, the language was not a problem, because Angélica did understand the language and they had a great time.

Preguntas

1. ¿Cuántos años tenían Harry y Angélica de casados?
   1. Dos años
   2. Tres años
   3. Cuatro años
   4. Siete años
   5. Un año

2. ¿A qué país fueron Harry y Angélica?
   1. Portugal
   2. Argentina
   3. Estados Unidos
   4. Brasil
   5. Venezuela

3. ¿Cuánto tiempo se tomó el taxi en llegar?
   1. 20 minutos
   2. 30 minutos
   3. 15 minutos
   4. 6 horas
   5. 9 horas

4. ¿Cuántas horas fueron de vuelo?

1. 1 hora

2. 2 horas

3. 3 horas

4. 6 horas

5. 9 horas

5. ¿En dónde quedaba la playa?

1. Cerca del aeropuerto

2. Detrás del restaurante

3. Después del centro comercial

4. Cerca de la tienda

5. Cerca del hotel

Respuestas

1) 5

2) 4

3) 3

4) 4

5) 5

El asistente de voz

La abuela de Ángel estaba por cumplir 70 años y él pasó dos horas en el centro de la ciudad buscando un regalo apropiado para ella. ¿Qué se le podía regalar a una señora de 70 años? Se preguntaba constantemente. A pesar de que era su abuela, él no podía pensar en un regalo específico y apropiado para ella, pero eso era porque él no era muy bueno eligiendo regalos, por eso pasó tanto tiempo caminando. Entre las opciones que tenía en mente, podía regalarle flores, algún adorno para la casa, o simplemente alguna torta, porque la abuela de Ángel amaba las tortas.

Su abuela se llamaba Petra y ella pasó mucho tiempo cocinando para Ángel, como cualquier abuela hace con sus nietos. Petra sabía que de sus tres nietos, Ángel era el mayor de ellos, y que amaban las tortas, por eso, durante mucho tiempo, ella pasó horneando tortas para él y sus otros dos nietos. No solo porque ellos amaban las tortas, Petra también amaba las cosas que ella misma cocinaba. De esa manera, el tiempo pasó y se hizo algo normal, no en la vida de Petra, sino que, en la de toda su familia, todos empezaron a usar cada vez más la tecnología.

Cuando llegó el momento adecuado, Petra decidió regalarle un teléfono. Ella y Ángel fueron juntos a un centro comercial y compraron un teléfono nuevo. Sólo Ángel sabía cómo utilizarlo y Petra se sintió muy feliz por habérselo comprado. Ella sabía que el teléfono sería muy útil para él. Él aún estaba en la universidad, por lo tanto, sería muy útil para las tareas y para mantenerse en contacto con su familia y sus amigos. Petra tenía un teléfono, pero el teléfono era muy viejo, y no tenía todas las aplicaciones y características que los teléfonos inteligentes tienen ahora.

A pesar de que hubo un momento en el que Petra quiso uno, ella no sabía qué uso darle, así que por eso borró aquel pensamiento de su cabeza y nunca se desesperó por comprar uno. El tiempo pasó y ya ella no ganaba tanto dinero como antes. Ahora, sólo necesitaba tener una alarma para recordar tomarse sus pastillas y hacer otros quehaceres del hogar. Ella estaba muy contenta con ver a Ángel feliz usando mucho su nuevo teléfono, ella estaba feliz con eso, eso era lo único que le importaba.

Pero, el tiempo pasó, hasta que llegó su cumpleaños y, esta vez, Ángel quería darle un buen regalo a su abuela. Ella se lo merecía, pues había sido una abuela increíble y le había regalado a él momentos de infinita alegría desde que era pequeño. Ángel ya tenía mucho tiempo caminando en el centro, cuando de repente sonó su teléfono, era su novia y, aunque no leyó el mensaje que su novia le mandó, en ese momento tuvo una idea.

- ¡Obvio! ¡Un teléfono! –Dijo Ángel.

Ángel corrió al mismo centro comercial en el que su abuela le había comprado el teléfono y caminó 30 minutos, buscando un buen teléfono, pero no sabía cuál elegir. Hasta que una empleada de una tienda en el centro comercial le hizo una pregunta.

- ¿Qué está buscando, señor? –Le preguntó la empleada.

- Quiero regalarle un teléfono a mi abuela –Dijo Ángel.

- ¿Qué tipo de teléfono busca? ¿Qué cosas hace ella? –Preguntó la empleada.

- Pocas cosas, sólo quiero un teléfono mejor que el que tiene, un teléfono que le sea útil.

- Creo que tengo una buena opción aquí, sígame.

La empleada fue a la esquina de la tienda y sacó un teléfono que se veía muy lindo. La empleada le dijo que el teléfono podría serle muy útil, pues, aunque tenía muchas funciones, era muy fácil de usar. No había que pensar mucho. La interfaz y la pantalla eran muy simples e intuitivas y, además, tenía una función especial; un asistente de voz. Con ese asistente de voz, su abuela sólo iba a tocarlo, decir lo que quería hacer, y el teléfono haría el resto.

Ángel recordó que a su abuela le gustaba hablar mucho, por lo tanto, aquel asistente de voz sería demasiado útil para ella. Además, su abuela sabía cómo dar órdenes, de manera clara y precisa. Ángel no lo dudó y compró el teléfono en ese instante. Cuando le entregaron el teléfono con la caja, se dirigió a otra tienda para comprar papel de regalo. Luego se fue a un parque para envolver el teléfono y por último a casa de su abuela, porque ese mismo día era su cumpleaños.

Cuando llegó a su casa. Ángel le dijo: "Feliz cumpleaños, abuela", y le entregó el teléfono.

- ¿Qué es esto? –Preguntó la abuela.

- Un teléfono, ábrelo –Dijo Ángel.

- ¡Oh! Está muy bonito, pero, tiene muchas funciones, sabes que yo no necesito tantas cosas.

- Abuela, también tiene un asistente de voz, puedes darle órdenes y el teléfono hará todo lo que quieras.

- ¿En serio? ¿Con una simple orden?

- Sí, así es.

La abuela presionó el botón del asistente de voz y dijo: "Quiero ver las noticias". De repente, en el teléfono la pantalla se puso en negro y mostró las noticias del día.

- ¡Increíble! ¡Me encanta! Lo intentaré otra vez –Dijo la abuela.

"Alarma a las 9 de la noche", dijo la abuela. El teléfono abrió la aplicación de alarma y se escuchó: "Alarma, 9 de la noche activada". La abuela estaba fascinada. Le agradeció mucho a su nieto y todos continuaron disfrutando de la fiesta. Todos la pasaron muy bien, hicieron sentir muy querida a la abuela. Al día siguiente, cuando la abuela despertó, decidió darle un gran uso a su teléfono y a su asistente de voz.

"Alarma a las 10 de la mañana", dijo, y el teléfono programó una alarma a esa hora, porque tenía que salir a comprar algunas cosas al supermercado. "Noticias de la noche anterior", dijo, y el teléfono le mostró las noticias de la noche anterior. Y así estuvo el día entero y ahí notó que disfrutaba mucho tener un buen teléfono y un asistente de voz.

-   Me perdí de tantas cosas sin un teléfono así –Dijo ella.

Fin de la historia

Resumen

Ángel quería comprarle un regalo a su abuela por su cumpleaños, pero no sabía qué regalarle. En cierto punto, mientras buscaba un regalo, le llegó un mensaje y se le ocurrió la maravillosa idea de darle un teléfono. Pero, este teléfono sería ideal para su abuela, porque con su asistente de voz, su abuela podría hacer muchas cosas y, realmente, así fue. Cuando le dio el teléfono, su abuela lo disfrutó mucho.

Summary

Angel wanted to buy his grandmother a gift for her birthday, but he didn't know what to get her. At a certain point, while he was looking for a gift, he got a message and came up with the wonderful idea of giving her a phone. But, this phone would be ideal for his grandmother, because with the voice assistant, his grandmother could do many things and, really, it was so. When he gave her the phone, his grandmother really enjoyed it.

Preguntas

1. ¿Cuántos años cumplió la abuela de Ángel?

1. 50 años

2. 20 años

3. 80 años

4. 70 años

5. 90 años

2. ¿Cómo se llamaba la abuela de Ángel?

1. María

2. Teresa

3. Petra

4. Luna

5. Isabel

3. ¿Durante cuánto tiempo caminó Ángel en el centro comercial buscando un buen teléfono?

1. 50 minutos

2. 1 hora

3. 6 horas

4. 2 horas

5. 30 minutos

4.   ¿Cuándo se le ocurrió a Ángel la idea de regalarle un teléfono a su abuela?

1.   Cuando despertó

2.   Cuando recibió un mensaje de su novia

3.   Cuando recibió un mensaje de su tío

4.   Cuando se fue a dormir

5.   Cuando salió de casa

5.   ¿Qué función especial tenía el teléfono que Ángel le compró a su abuela?

1.   Una buena cámara

2.   Un asistente de voz

3.   Un buen sonido

4.   Mucha memoria

5.   Un buen sistema operativo

Respuestas

1)   4

2)   3

3)   5

4)   2

5)   2

<u>**NOTES**</u>

_____

_____

_____

_____

_____

_____

_____

_____

_____

About the Author

Acquire a Lot is an organization dedicated to teaching languages effectively, based on an innovative method developed by teachers of the organization, called LRPR, that has the following fundamental pillars to ensure you can acquire the language naturally:

- Listen to stories

- Read stories

- Play games to solidify what you have learned

- Repeat

Acquire a Lot's mission is to encourage language acquisition instead of the traditional method. With the LRPR method, there are no grammar lessons, there are no corrections, and everything is acquired naturally, in the same way a child develops his/her first language.

A special request:

Help us reach more people, don't forget to tag us on social media(@acquirealot), and **most importantly**, your brief review could really help us, please look in your recent orders for this book and leave your comments. ¡Gracias amigos!

Your support really does make a difference, we will read all the reviews one by one.

Don't hesitate to contact us if you need anything!

sergio@acquirealot.com

Thank you very much! We hope to see you again when the next volume is ready!

Books In This Series

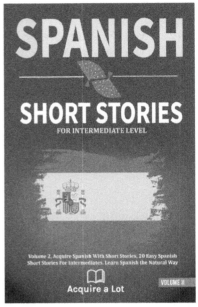

available at
amazon

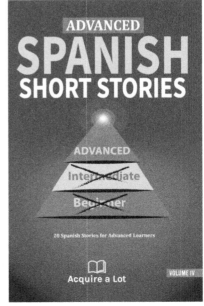

Books By This Author

Made in the USA
Las Vegas, NV
23 December 2024

15309575R00079